GIANCARLO LEONARDI

SENZA PATRIA

CON LA SAN MARCO IN LIGURIA E
SULLA LINEA GOTICA, 1944-1945

ISBN: 978-88-9327-6535 2ª Edizione : Ottobre 2020 ISBN
Titolo: Senza Patria (ISE-053) di Giancarlo Leonardi
Pubblicato da LUCA CRISTINI EDITORE. Cover & Art design: L. S. Cristini
Prima edizione a cura di ASSOCIAZIONE ITALIA STORICA - Genova 2009

PREMESSA

Questo libretto racconta fatti veri della mia guerra, combattuta nel 1944-1945 in seno alla 1ª Squadra Mortai del Battaglione "Uccelli", VI Reggimento della Divisione Fanteria di Marina "San Marco" della RSI. Una parte è interamente ricavata da alcune brevi note prese frettolosamente all'epoca, un'altra parte appartiene ad un diario che mi portavo dietro e che aggiornavo nei momenti in cui c'era un poco di tranquillità. Il resto sono spezzoni di ricordi, messi poi in ordine cronologico. È difficile che le memorie di una guerra come la nostra si possano dimenticare; esse rimangono scolpite in noi, sono un qualcosa di indelebile. Quando fui a casa – nascosto nell'appartamento di Piazzale Archinto, a Milano, messomi a disposizione dal Signor Crema-scoli, violinista al Teatro alla Scala, di religione ebraica – in quei giorni di clausura forzata, mi nacque l'idea di mettere insieme il tutto. Il risultato fu questo libretto che volli intitolare Senza Patria perché, lasciando da parte le finalità politiche, il sacrificio di noi della Repubblica Sociale Italiana non poteva essere riconosciuto da una popolazione stanca, affamata, esasperata, distrutta. Noi rappresentavamo la continuazione inutile e atroce degli stenti e della morte. Noi non avevamo una patria, ma solo un pezzo di terra personale, che pensavamo di difendere per un ideale. Spesso gli ideali sono alti e belli, ma la loro attuazione porta a sacrifici inutili: così si giunse a cantare "la meglio gioventù che va sotto terra".

Tutta la gioventù: amici e nemici, camerati e compagni.

Giancarlo Leonardi

PARTE PRIMA

Erano ragazzate, è vero, ma noi giocavamo alla guerra a Montemerlo, armati di cerbottana e di tirasassi, mentre le classi più vecchie partivano per la guerra, oppure, a cavalcioni delle panchine, sotto gli ippocastani, andavamo facendo itinerari per il futuro, pensando che l'America del Sud doveva essere un posto ideale per vivere una vita fantastica e deliziosa. La guerra certo doveva essere affascinante. La gente si dava d'attorno, si accaldava in discussioni piene di fervore. Pronosticava questo o quell'esito, molti capannelli lungo strade e nelle piazze, sotto il controllo vigile dei carabinieri, della milizia e degli stessi *ghisa*. Non c'era nulla di ridicolo né di disonesto in questa forma generale di esaltazione. Un semplice popolo, come non importa quale altro popolo di questa terra, che si felicitava del successo e della gloria. I soldati si aggiustavano la bustina, si arrangiavano ai polpacci le fasce che datavano del 1914, erano contenti di indossare uniformi pressoché uguali a quelle della guerra vittoriosa del 1918. Gli scarponi, le cinture, le giberne, in realtà, puzzavano terribilmente, e in effetti le divise erano antiquate e il più delle volte fuori misura, ma che importava, se la vittoria era dalla nostra parte. Le partenze si susseguivano a ritmo serrato per colmare lo stomaco insaziabile della guerra. L'aria era piena di fanfare e di canti; la radio, la borsa, gli avvenimenti stessi davano per scontata la disfatta totale del nemico. La Germania aveva spazzato i polacchi, aveva rincorso i francesi sino a Parigi, saltando la *Maginot*, la corsa era stata talmente veloce che erano arrivati prima tedeschi che le retrovie transalpine. Noi nel frattempo saltavamo come camosci da Mentone a Belgrado e a Tirana, ci furono momenti di esitazione in Grecia, ma i tedeschi erano presenti ovunque e rapidissimi furono ad Atene. Si finì per convincerci che Hitler era la Germania, e che la Germania era Hitler, e che messi assieme erano veramente forti. Nello stesso tempo, saltando a cavallo, trottammo fin verso le Piramidi, aiutati dalla flotta inglese che non esisteva più, almeno così si diceva. Era bello vedere che in ogni locale pubblico dal più popolare al più lussuoso, la gente scattava in piedi con rispetto e dignità, quando l'*Eiar* ci dava il bollettino comunicandoci le fasi delle battaglie. I tedeschi stravincevano, noi un po' meno. Si arrivò al punto che le Divisioni tedesche non seppero più chi vincere e attaccarono anche la Russia. Il tempo passava rapidamente e noi ragazzi abbandonammo le vecchie armi giocattolo. Era venuto anche per noi il momento di fare la guerra. Anche noi avevamo diritto ad un briciolo di gloria. Il popolo, disgraziatamente, nel frattempo, aveva preso l'abitudine di stare sempre in piedi, pronto a fuggire al segnale delle sirene. L'America era entrata anch'essa a far parte del gioco, così tutti i popoli di Europa andavano a rifugiarsi, come facevamo noi ragazzi, negli anfratti più impensati. Il nostro turno cadde nell'ora più ridicola e angosciosa. Tragica. Il 25 luglio aveva messo a nudo la reale potenza dello Stato Italico sotto i Savoia e sotto lo Stato Fascista. Corpi esili pieni di acciacchi, reumatici e sclerotici, e mentre questo ribaltamento avveniva all'interno, l'esercito delle "fasce", sconquassato, non faceva altro che fuggire sfruttando tutte le tangenti possibili. La Regia Marina era scomparsa inabissata chissà dove, l'aviazione polverizzata. La *Wehrmacht* si batteva, simile al Cirano, nel delirio e nell'ebbrezza della morte. La *Luftwaffe* aveva perso il controllo dei cieli, la *Kriegsmarine* aveva seguito la stessa sorte, a parte qualche solitario *U-Boot* che andava ramingando disperatamente per l'oceano. La Russia ora stava avanzando con le sue orde di carne, mentre l'America stava tappezzando e arando l'Europa con masse di esplosivo micidiali. L'8 settembre, fu una compravendita di navi,

di terra, di uomini, un mercato un poco losco. Si urlava al tradimento. Perché accanirci nel vano tentativo di ricercare traditi e traditori, ammesso poi che si possa chiaramente distinguerli? Ridiamo e beviamo, popolo bastardo. Le bande del 1914 ai polpacci, mitragliatrici che sparano sì e no cinquecento colpi al minuto, innaffiandole di acqua. Aviazione da rally, navi che affrontano solo il mare calmo, e si nascondono dietro i Capi della costa Tirrenica e Adriatica. Quadri di comando dalla mentalità arretrata, rimasta alla guerra di Adua. Quando tutto questo orribile dramma affiorò chiaramente alla ribalta, con tutti i suoi uomini corrotti e marci, quando tutta questa tragedia affiorò per merito dei tedeschi prima e degli americani poi, noi andammo a fare la guerra e diventammo un esercito di senza patria. Non eravamo né mostri né geni, nulla di anormale. I nostri giochi non si scostavano da quelli di tutti gli altri ragazzi del mondo. Non erano morbosi né complicati. Eravamo sani, leali, onesti, pieni di vita, ed anche orgogliosi, come tutti gli altri ragazzi della terra. Ora non avevamo più una terra per noi, nè una patria, e avevamo un sacco di nemici. Chi non è con noi è contro di noi, e *Gott mit Uns*. Ecco perché, in un giorno d'aprile, ci trovammo alla stazione di Novara, su un treno con destinazione Germania.
"Oh, ci hanno sputato in faccia! Mia madre mi ha sputato in faccia!" "Capito, Poeta? Sua madre!"

Ecco il soldato: egli non piange mai. Sguardo duro, alta la testa, gonfio lo stomaco. Canta soldato, canta a squarciagola, così copri gli urli, le imprecazioni, le risate. Ridi soldato, ridi forte sotto la pioggia di sputi: è la città di Novara, nell'anno 1944. Era vero, non c'era tutta l'Italia alla stazione, ma una buona parte della popolazione di Novara. Anzi per essere esatti, c'era quasi tutta. E siamo in treno, ora. Il solito rosso sporco dei vagoni merci; paglia che turbina nella penombra e veloce schizza dalle aperture, per qualche attimo brilla e si scheggia d'oro, poi si immerge tra il grigio delle pietre e si spegne. Soldati che rosicchiano gallette, soldati che non cantano, che non urlano, che non ridono, che non salutano. Soldati che guardano nel vuoto. Non c'è gente, niente bandiere, niente fazzoletti. Ma i vecchi, i cari vecchi, che ci hanno raccontato fino ad ora? Menzogne. La tradotta non porta bandiere. Non c'è entusiasmo. È vero, non siamo nel 1915 e nemmeno nel 1940, è l'anno 1944. Era poi vero, l'incitamento che fece allora quella folla eroica? Oppure era come è per noi: un merci qualsiasi con un carico qualsiasi? La gente, laggiù nei campi, arresta il lavoro per un attimo. Si drizzano lentamente sulla schiena, si appoggiano alla vanga o alla stanga del carro e ci guardano. Nelle stazioni l'esodo di gente seduta su panche, su fagotti, su valigie. Non è il loro treno. Non un braccio che si levi per salutarci e tutti, tutti con la medesima maschera che sa di meraviglia e di sarcasmo. Siamo soli, questo è l'anno 1944 con i suoi fantasmi. Con interminabili tradotte di soldati senza Patria. Sì, c'è da piangere. Il freddo è pungente, tutti o quasi tutti dormono. Qua e là la brace di qualche sigaretta che va lentamente consumandosi, unita a quel caratteristico e sommesso bisbigliare di chi ricorda. Ci si sdraia sulla paglia con la stessa naturalezza di quarantotto ore fa, quando eravamo nel nostro letto. Si circonda lo zaino con le braccia, come se si abbracciassero le vecchie abitudini di casa. In definitiva è poi così. Dentro ci sono i calzettoni di lana e i mutandoni lunghi fino alla caviglia, che tua madre ha infilato nel sacco di nascosto altrimenti tu che sei grande, che vai a fare il soldato, li avresti respinti. Nello zaino ci sono anche le sigarette regalate dalla ragazza. Quelle, a parte la prima ed eventualmente una seconda, le fumerai assieme a lei, quando ritornerai.

Abbracci tutte queste cose che fanno parte delle abitudini di casa tua, senza sapere che da due giorni hai cambiato totalmente vita. Tua madre non ha sputato, non ha urlato. Erano delle donne, non tua madre; delle donne qualsiasi. E se poi era veramente tua madre, dimentica di averla. Dimentica di avere una madre, di avere una Patria. Sì, c'era da piangere. Su con la testa, gonfia il petto soldato senza Patria.

Da quarantotto ore i soldati e i sottufficiali di questo vagone mi chiamano "Poeta". Penso che ciò sia dovuto al fatto che ho sempre pronto un taccuino e una piccola matita in argento che mi regalò una collega di lavoro. Il tenente poi mi chiama intellettuale. Guardo sorridendo questa piccola matita, la carta; poi penso con tristezza alla realtà. So che è tutta una sfottitura. Che importa? Lontano, su spiagge tranquille, la mia donna mi attende. Loro non sanno, nessuno sa che amo un'artista, la quale mi comprende e mi ama per quello che sono. La fotografia è un poco sbiadita, pioveva quel giorno sul lago, ma lei sorrideva.

Gli spezzoni incendiari. Il sibilo delle bombe unito a quello lugubre delle sirene, che suonano sempre in ritardo. Le case che oscillano, che si gonfiano e che schizzano poi in un boato terribile. Dopo un lungo silenzio tutto si rianima, anche le macerie si muovono. Lo scricchiolio del passato che brucia, un sussurrare di preghiere, bestemmie e urla, bambini che piangono, cani che abbaiano e ululano. Mi piace dei bombardamenti quella pesante fuliggine che si alza e si condensa sopra la città, come se volesse coprire con quel suo drappo nero l'orrore della morte, nascondendolo alle stelle, alla luce di una magnifica notte serena. E il nemico se ne va ora, dietro le spesse occhiaie di cristallo sogghigna, guarda le sue case che dormono quiete e lontane da ogni pericolo e le mascelle biascicano gomma. Di sotto polvere acre, quel tossire incessante, secco, che scuote le ossa di gente sconosciuta, che brancola tra calcinacci e fiamme.

Già, perché sono qui? Perché siamo qui? Forse è stato Salgari. Mi ricordo di avere letto anche *La mia battaglia*, di Hitler; ma non credo che abbia avuto molta importanza nella mia storia. Sono stato trascinato dall'*imperativo categorico*? No, anche per che non vedevo di buon occhio la massa che gli batteva le mani. Non è una pura circostanza che mi ha portato qui, né le contingenze. Ci deve essere da qualche parte una ragione che ora non so distinguere. Senz'altro mi sfugge al momento.
Le ruote sobbalzano, stridono; gli aghi dei cambi, simili e colpi di coda, scuotono la lunga fila dei vagoni dando l'impressione che si deragli, poi tutto si ferma tra la neve sporca e la luce fissa delle "marmotte" dagli occhi viola. Soldati ammassati contro le sbarre che vedono per la prima volta questo paesaggio irreale. Laggiù delle piccole case, ma non c'è una sola finestra da cui trapeli un po' di intimità familiare. L'alito batte caldo scandendo la scritta "Brennero" e cade scricchiolando in piccoli pezzi di ghiaccio. Al di sopra di questo duro e schiacciato elmetto che mezzo mondo conosce, al di sopra di questa valle lugubre e fredda, si guarda questo pezzo di cielo come se dall'altra parte dovesse cambiare fisionomia. Un fischio ridotto, soffocato, uno strattone seguito da altri più violenti. La macchina si trascina la merce. Un ultimo cartello ci sbatte ferocemente negli occhi: "Italia", poi la montagna succhia il convoglio che sobbalzando precipita, rotola, si contorce come un ammasso di lamiere e rottami con fragore infernale. Contro le pareti della galleria riverbera la luce dei fiammiferi e nel vago chiarore si intravede la chiazza scura di qualche soldato ancora attaccato alle sbarre. Tu coli, svuotato di qualcosa che

non sai spiegare. Finalmente la montagna ti vomita e il fracasso si conficca, si smarrisce, si spegne nella neve.

Le brace delle sigarette va su e giù nel buio: punti e riflessi rossastri su un fondo nero.

Un cielo grigio all'infinito. Un carico che scivola tra l'erbe viscida, pesante, gonfia d'acqua. Un carico, un qualsiasi carico che si spinge al Nord, sotto una pioggia fitta, fredda, insistente. Monaco. Sì, ecco Monaco e la sua birra. Ma nei libri di geografia sta scritto di grandi edifici, di colossali ciminiere, di gigantesche gru e del gusto della birra. Le storia non risponde al vero, è sempre alterata. Questa è la vera Monaco del grande *III Reich*, con le sue montagne di calcinacci e di ferraglie, che si arrampicano in bilico sul filo dell'orizzonte grigio. Eppure Monaco ha ancora delle donne sorridenti che distribuiscono lungo i binari scompigliati caffè bollente. Lo chiamano caffè, ma non è vero, lo giuro, e sorridono. Gavette che sbattono, grida, imprecazioni... Musi gialli dal freddo che si contraggono. È la soldataglia. Sono i *peones* che vanno ad imparare la marcia, la strategia di guerra. Che devono imparare la disciplina.
Il carico si scrolla e si va sempre più e Nord, sotto un cielo grigio all'infinito. Norimberga e i suoi orologi. Falso, tutto falso. Le grandi sfere simili ad alabarde sono conficcate nel cuore del tempo. Tutto è immoto, fisso. Un suicidio generale. I romani del Terzo Reich. Si sono pietrificati volontariamente. Ma le donne sorridono e ci offrono tazze di caffè caldo. Gli americani danzano e lanciano bombe, obiettivamente. Il terrore per i tedeschi dilaga ovunque, obiettivamente. Gli uni masticano case e gomma, gli altri ammazzano e in mezzo a queste bruciacchiate e marce pagine di storia, le donne tedesche sorridono e offrono caffè. E vai, per larghi declivi e scendi fino ai boschi di betulle e di abeti, tra il freddo e la pioggia, tra la fame e la melanconia, sotto questo grigio cielo; e quando finalmente scendi dal merci, la prima parola cordiale suona così:

"*Scheisse!* – Merda!"

West Lager: una grigia e melanconica pozzanghera che misurava ottanta chilometri quadrati. Un cielo di piombo disteso su fitte e impenetrabili muraglie di abeti. L'aria pesante trapanata incessantemente dal corto stridore dei fischietti, sibili secchi di comando che strappavano ai nervi l'obbligo del movimento, dell'azione con una precisione automatica. Il tuo compito non era eroico: imparavi ad obbedire. Si trattava di misurare all'infinito questo triste acquitrino, carponi
o disteso, strisciando come un verme o balzando come un felino. Fingendo di attaccare furiosamente un immaginario nemico. Le pedate di Ernst erano senz'altro più convincenti dei tuoi colpi di baionetta che squarciavano un attonito fantoccio di paglia. Chi era Ernst? Forse questo spiega il dolce sorriso di quelle donne tedesche, nel bel mezzo di incredibili rovine. Ernst era un prussiano, tranquillo, posato. Un uomo che nessuna emozione poteva distrarre, e questa intensità era nei suoi occhi di grigio metallo, che guardavano al di là delle migliaia di sagome vive o morte. Forse è per questo che le donne, seguendo la traiettoria del suo sguardo, dimenticavano gli orrori, le rovine e la morte e sorridevano dolcemente. Ernst non aveva più carne nelle gambe. Inesorabilmente, il becco delle mitragliere russe l'aveva disossato. Ed era una doppia umiliazione, allorché quegli stivaloni imbottiti d'ossa e di stracci premevano le nostre fragili schiene contro quella

terra tedesca. Eri un soldato senza patria, non te lo dovevi dimenticare, e, se avevi una patria, allora eri un traditore. Il riflesso degli ardimenti, dell'eroismo, dei grandi discorsi patriottici era frantumato, sbriciolato davanti allo specchio di questa mostruosa verità che Ernst ti offriva con la sua inesorabile inflessibilità. *Scheisse!*, *Scheisse!* era l'aspro ritornello instancabile, monotono, uniforme.

"A terra! In piedi!... non va!" "A terra! Non va. *Nein*, *Nein!*: in piedi!" Ripeti e ancora ripeti per ore, giorni, mesi.

"*Achtung, Panzer Alarm!*"

E ventiquattromila uomini, sollevando un'immensa ondata di fango, sparivano come per incanto; per poi riapparire all'improvviso e scatenarsi contro i fantasmi del *Lager*. Anche la notte era piena di imprecazioni, di grida, di fischi. Anche alla notte era familiare il ritmico e cupo rimbombo di scarponi chiodati che andavano da un capo all'altro della enorme caserma, gremita di soldati senza patria. La disciplina spaventosa e terribile, questa maschera senza sguardo, ti trascinava all'automatismo più assoluto. I cani poliziotto, quei bellissimi pastori, stroncavano ogni pazzesca fuga; e i reticolati finivano per convincerti che qui la guerra era una cosa troppo seria. Noi meridionali facevamo ridere; ecco già una delle ragioni per cui i popoli anglosassoni, sicuri, seri, metodici, freddi e disciplinati, amavano ogni tanto, per svago, il nostro folclore, la nostra improvvisazione. Noi giocavamo alla guerra e loro con manate amichevoli ci dissuadevano dal farla perché saremmo stati ridicolizzati. Infatti quale parte ci toccò in questa guerra? Quella dei mimi. Un baraccone senza scene, senza luci, senza tecnici, senza una salda regia. Degli sparuti attori, col repertorio di mezzo secolo fa, cercavano di giocare abilmente, dando ad intendere che lo spettacolo era vero, era attuale. Brillanti nella pantomima, fummo terrorizzati quando incominciammo e vedere dietro le quinte cataste di morti. Ci appendemmo letteralmente alla tela per far calare il sipario, per annunciare al mondo la fine di questo macabro spettacolo. Strappate *les affiches* scolorite sulle quali ancora si poteva leggere: *Viva la Guerra*, parata militare in tre anni e più quadri; fu il caos.

32 B, la nostra baracca con docce di acqua calda e fredda, e il riscaldamento a carbone. Spidocchiati a dovere, vivevamo nella più meticolosa pulizia. Dieci letti a castello in legno, pagliericci imbottiti con trucioli di legno, lenzuola, coperte e cuscini. Un armadietto per ciascuno, un largo armadio per il deposito del carbone; una mensola per i bidoni del caffè e per i piatti. Un grande tavolo in mezzo e gli sgabelli. Questo era l'ambiente militare nell'anno 1944, offertoci dalla sconquassata Germania. I soldati senza patria avevano in prestito un locale confortevole, dove regnava un certo decoro, una certa dignità. Soltanto qui la rigidità teutonica si smorzava un po'. Ernst, Tony, Franz, Kohlmann, familiarizzavano soltanto qui, alla sera attorno a questa acetilene, dove teste chine su penne pesanti andavano al passato. Ed il passato, quel passato, brillava negli occhi di tutti, teutonici e latini, a causa di quella tanto cara e maledetta acetilene.

La solita patina di piombo nel cielo, e più lontano, al di là dei pini e degli abeti, la solita polvere incendiata di incessanti bombardamenti. Sotto questo cielo sempre grigio, cammini e sbavi dalla fatica. *Komm, geheweg, schnell, langsam, hilfe, still, weg*; e ad ogni parola un fischio. Ruzzoli; non va, e ti rialzi. Ricadi e di nuovo in piedi, e vai da Gravenwurt ad Auerbach così, finchè la notte viene. Ma non è detto che alla notte non continui questa guerra. Così anche nelle tenebre l'ombra sprofonda e riemerge appesa al sibilo dei fischietti. Cammina, marcia più forte, così raggiungi il carro. È là il carro, cento metri più avanti. Forza che ce la fai. Basta un piccolo sforzo e potrai farti trainare dalle catene o dalle corde. Macché! Strascichi i piedi, schifosa miseria, e vai per forza di inerzia trascinando nel fango gli scarponi.

"*Still!* Silenzio, *italienische scheisse*. Terra, in piedi. *Weg!* Di corsa! *Schnell, schnell!* Terra! In piedi!"

E il soldato senza patria impara duramente cosa è la guerra, e cosa significa non avere una patria.

"Non vedete che non ce la fa più?" "*Still!* Silenzio! *Kamerad* al posto. Tu *hilfe*! Tu ridere! *Hein?!*" "No, io…" "*Achtung! Still, nein* parlare. A terra! In piedi! *Schnell, schnell*. Terra, in piedi. *Hilfe, hilfe. Scheisse!*" "Battaglione avanti, march!"
E la lunga colonna avanza nei giorni e nelle notti. Piangi, sghignazza, prega. Bestemmia, se vuoi, tanto la tua voce non giunge al dio germanico e il tuo dio non è che un pezzo di gesso colorato senza forza. *Frangar non flectar*. Devi abituarti a vedere tante case crollare fino a quando tutte le tue lacrime saranno esaurite; devi arrivare al punto che i lamenti e le grida di morte non diventino che una insignificante espressione della guerra. Devi sparare sino a che il ribrezzo ti venga sradicato da una qualsiasi logica. Sprofondati nel fango e mordi la terra. Da ogni parte si incrociavano battaglioni silenziosi. Uscivano dall'ombra della foresta per poi ricacciarsi in quel mare di verde. A ranghi serrati, sul sistema teutonico, procedevi cadenzando con una precisione cronometrica ed era pressoché impossibile sbagliare il passo; sembrava che i piedi fossero alzati e abbassati mediante un invisibile sistema di tiranti. Migliaia di piedi, una sequenza ben scandita di boati che ti trascinava come un robot. Camminavi e speravi ardentemente di trovare qualche cosa o qualcuno che non fosse incatenato al *Lager*, ma alla vita. Nulla; solo alberi e radure di erba fradicia. È vero, qua e là c'erano piccoli gruppi di case; frazioni o borgate, le chiamavamo noi; e avremmo desiderato tanto che ci fosse venuto tra i piedi almeno un pulcino: avrebbe rappresentato gente senza mitragliatori a tracolla, senza bombe, senza gradi. Vita, insomma. Niente. Le case erano tutte disabitate, e diroccate dalle bombe del *Lager*. Tutto ciò che esisteva era sotto il potere del *Lager*. Nessun camino familiare, soltanto fuochi di bivacco. Nessun piede estraneo al *Lager*, soltanto orme di pesanti scarponi. Nessuna voce che non fosse di guerra. Qui non ci fu altro cielo se non questo, di piombo, che sembra attorcigliare e soffocare la sommità di enormi alberi. In questo quadro di una solenne opacità i bagliori degli elmetti e delle baionette sembrano spezzettare il basso orizzonte. Ecco perché gli occhi di tutti quei tedeschi sono differenti dai tuoi. I tuoi occhi brillano di colori che azzuffandosi e mischiandosi esprimono gioie, passioni, malinconie. I loro sono di un monocolore metallico, statici, solo a volte rischiarati da schegge di cristallo che sfrecciano per disparire chissà dove. Sono gli occhi del *Lager*; del monotono, tetro, solenne *Lager*.

La fiamma dell'acetilene proiettava la sua luce bianca sulle pareti della baracca *32 B*. La notte sarebbe passata tranquillamente, senza finti allarmi aerei, o lunghe e pesanti marce di orientamento e neppure saremmo andati all'assalto di immaginarie forze nemiche accampate nel *Lager*. Riposo, questo era l'ordine del Comando. E i soldati senza patria, chi seduto al tavolo, chi sulle brande, chi disteso sopra il pagliericcio, riposavano. Riposavano ad occhi aperti, fissando al di la di queste pareti di legno l'immenso campo perduto al Nord. Fuori dalla vita e dalla storia comune, ci si domandava se quegli alberi grandiosi, se quella continua pioggia, se quella grande isola perduta allo Zenith della nostra conoscenza; dove si svolgeva una vita terribile, fosse nella realtà. E tutti quegli avvenimenti in mezzo ai quali sfrecciavano ombre e personaggi, erano veramente, sotto questo cielo immoto, fatti e figure reali? La terrazza della villa che mi ero costruito deva sugli scogli, contri i quali il mare batteva rabbioso. Quella terrazza era il mio angolo preferito, alla notte. Lei mi guardava e mi sorrideva teneramente. Dopo lunghi giorni di guerra, una pazza guerra, ero ritornato. Era veramente il riposo. Ma queste immagini, questi desideri, stavano al di la delle pare ti della baracca. Laggiù c'era una bellissima *abat-jour* dalla luce calda, qui c'era semplicemente una acetilene. Ma qui, in questo Zenith, stretti dalla fame, morsi dalla fatica, eravamo certi che tutto fosse reale? Soldati senza fucile. Fucili senza soldati. Lunghe colonne di carri armati dalla croce uncinata. Gente che fugge, altra che scaglia feroci invettive e sassi all'esercito tedesco che prendeva posizione dopo il fantastico capovolgimento del Governo Badoglio. In questo sanguinoso quadro, scintillante di sole meridionale, il turbinio di idee nuove soverchia la già assurda realtà, scuote la anemica massa; e nella confusione la violenza, l'odio, le passioni, la vendetta, fanno man bassa di quel poco di dignità, che ci rimane ancora. I nemici sono diventati alleati e viceversa. Alleati o nemici che siano, ridono e ci disprezzano. Oggi, la visita del Duce e di Graziani. Nel caos spaventoso, da un vasto acquitrino del Nord, schizza un quadrato imponente di soldati senza occhi, senza senso, senza Patria e dall'ombra, l'ombra di un passato finito, con voce tonante e con trasporto grida: "Vi porto il saluto della Patria lontana". Era ben tutto reale? Cinquantamila caschi di ferro, spuntati per magia dai punti più oscuri della Foresta Nera, disarmati ed immobili su di uno spiazzo erboso marcio d'acqua. Disarmati, così era l'ordine del *Kommandatur*. Le armi infatti erano inchiodate al terreno, laggiù a cinquecento metri. Raffiche di mitragliere pesanti. Il ripetuto boato di cannoni impazziti dilaniava l'immensa solennità del *Lager*. Poi il fragore precipitò sopraffatto dal cerimoniale militare e il campo ritornò maestosamente silenzioso. Ad un tratto una banda invisibile sventagliò *Giovinezza*, coprendo il sibilo dei fischietti. Erano le trombe, le care trombe del Regio Esercito Italiano. La *chi terra melodiosa* del militare, delle stellette. Una enorme stonatura! Ditemi che non è vero e vi dirò che non avete mai capito niente dell'atmosfera militare e del suo decoro. Non le avevi mai più sentite... Al loro posto ora il trillo lancinante dei fischietti. Duro, freddo, arido, senza colore. Le trombe ti ricordavano la tua terra, l'erba morbida e verde, il cielo frastagliato di alberi di pesco, di mandorli, di gelsi, di aranci, di ulivi, di vigne. Ma c'era tutto questo davanti a noi? Avevamo il tempo, il desiderio, di sognare; ammesso che ci volessero far sognare? No, non potevamo sentire e vedere tutto questo splendido paesaggio. Avevamo gli occhi del colore del *Lager*. Incominciavano ad essere opachi e freddi. *Giovinezza* era un'arietta piena di brio, da passo ginnico, con note allungate da *chanteuse*. Noi avevamo perso il brio e l'elasticità atletica delle grandi parate. L'inno della *Luftwaffe* era quello che martellavamo con la bocca e ritmavamo pesantemente con gli scarponi. Sotto questo cielo pesante, delimitato da un orizzonte plumbeo e glaciale, sotto la ferrea disciplina tedesca, era un anacronismo ascoltare la baldanzosa fanfara; che fu infatti schiacciata da una scarica improvvisa di fischi che scaturì quale istintiva e naturale reazione dei soldati senza Patria. La nostra costruzione mentale si stava trasformando gradatamente. L'ambiente con la scritta *Gott mit Uns* poteva essere irreale, come poteva essere azzardato pensare che andavamo incontro ad una *bella morte*. Ma ciò che risultava ben reale era che stavamo perdendo la guerra e che saremmo stati massacrati. Sia per coloro che si sentivano coscienti di operare per una giusta causa, sia per quelli che si erano lasciati trascinare dal gusto dell'avventura o dalla spavalderia, sia per quanti erano spinti dalle contingenze o dalla paura di rappresaglie severissime; sta di fatto che le certezza incontestabile, la cruda verità, era che una fine disastrosa ci attendeva. Nel quieto e silenzioso riposo di quella notte, con gli occhi sbarrati, guardavamo alla luce dell'acetilene questa spaventosa verità che penzolava su questo inanimato vuoto. I Miliziani che a Novara ci avevano scortati minacciosi, erano davanti e noi con le stesse grinte. Sospettosi, guardinghi, scattanti, spiavano la fredda e immobile atmosfera di cinquantamila uomini. Questi fedelissimi ci apparivano al pari di quei fantocci che acquattati ed in agguato, disseminati un po' dovunque, andavamo spagliando a colpi di *Machinepistole*. Un uomo vestito di nero, dagli stivali lucidissimi, salì sul catafalco: "Avrete l'onore di essere passati in rivista dal Capo del Governo della Repubblica Sociale, Benito Mussolini". Così disse, e sparì. Che fosse un onore non spettava a noi stabilirlo, e poi potevamo anche infischiarcene; ma fummo sorpresi e sbigottiti. Graziani, il Ras dalle spalle gigantesche, nascondeva il fantasma della rivoluzione fascista, dell'Impero, dell'Asse. Il fantasma della Grande Italia era pronto ad apparire da dietro la sua schiena. Ecco i primi squadristi, le folle oceaniche, l'esaltazione degli imperativi categorici e la vera guerra. Era una sorpresa generale. La *Kommandatur*, al contrario, non l'aveva ritenuta tale e così le armi riposavano prudentemente cinquecento metri dietro di noi. Passò, con un pastrano sfilacciato. Un cranio enorme, schiacciato da una bustina troppo grande. Occhi accesi che sporgevano da cavità gonfie e violacee, la mascella bianca e prominente, dura e contratta. Dietro questa tragica maschera, dietro questo abbozzo fantomatico, l'imponente e colorito quadro dei grandi Centurioni con pugnali e bastoni di comando. Armadi ingombri di medaglie. Si era d'aprile e in Italia tutto fioriva, anche se c'erano i bombardamenti, anche se il polverone della guerra bruciava la terra e l'aria. Eravamo in aprile e in Italia tutto fioriva, anche se le armate di tutto il mondo mietevano e calpestavano la terra. Alla faccia di tutto e di tutti, malgrado le distruzione, il caos, le vendette, gli odi, la miseria, la Penisola era piena di fiori. "Vi porto il saluto della Patria lontana". Qui c'era un ciliegio, in mezzo e tutto questo grigiore, c'era un ciliegio che timidamente si affacciava con delle piccole e tisiche gemme. E ci mancò poco che i cinquantamila uomini si appoggiassero con la loro tristezza, con la loro malinconia, e questo smilzo albero germanico. "Vi porto il saluto della Patria lontana", fu l'eco catapultata dalla foresta. Il grande discorso che seguì era un resoconto sommario che non ci interessò affatto, ma ci aiutò e scuoterci di dosso l'abbattimento e ogni nostalgia. "Vi porto il saluto della Patria lontana". Ma quale Patria? Il discorso cadde nel più profondo silenzio. La claque scattò istericamente al grido di "Duce, Duce!", nel tentativo di alimentare quella estranea e fredda atmosfera. Tacque, poi riprese più forte, per poi spegnersi definitivamente di fronte all'imponente schiera di cinquantamila uomini che, sordi all'applauso, stavano probabilmente domandandosi a quale Patria alludesse il Capo.

L'*Armata Liguria* stava muta e immobile. Si udì anche qua e là gridare: "Nettuno! Venduto!", ma anche questi rumori affogarono nell'indifferenza generale. Il Duce, il Capo del Governo di Salò, risalì pesantemente i quattro gradini del palco e disse con voce roca: "Vogliate almeno ripetere all'appello: "Italia! Italia! Italia!". "Italia!", fu l'ordine di un Capo senza Patria. "Italia!", fu la risposta di soldati senza Patria. Il cielo che avevamo lasciato laggiù ora doveva essere pieno di rondini. Qui, con un perfetto dietro front, lasciammo dietro di noi stormi di cornacchie e di corvi. *Ein, links; Ein, links*; e sparimmo inghiottiti dalla notte del solenne *Lager*. Con gli occhi sbarrati ora scrutavamo, alla luce fredda dell'acetilene, gli angoli della baracca; e la geometria spettrale di un campo di ottanta chilometri quadrati risaltava evidente, al pari del contrassegno numerico *32 B*, con dentro tutti i suoi fantasmi. Dieci settimane nel fango, vestito di quella tenuta grigia, imbrattata e umida. Finalmente conquistavo la libertà: era il mio turno di libera uscita e avrei indossato una divisa più fresca. Il caffè era un prodotto perfetto per lavare e smacchiare l'uniforme: c'era un continuo via vai di soldati che trasportando bidoni pieni di caffè entravano e uscivano da baracche e lavatoi. Il caffè in effetti era l'unica sostanza che ci veniva offerta generosamente. Dopo dieci settimane nel fango, andai ad Auerbach, in cerca di gente in abiti civili, vetrine di negozi, luce elettrica. E donne. Anche al campo ci sono delle donne. C'è Cristina, allo Spaccio 3, che mesce birra, vende lacci per scarpe, borsellini, coltelli e ogni genere di cianfrusaglie non tesserate. Cristina ha dei bellissimi capelli biondo cenere e gli occhi di un azzurro sfuocato. Graziosa, ancora un po' acerba, è la passione di tutti i soldati. Prendi il tuo boccale di birra, le sfiori quelle piccole mani dandole i trenta *pfenning*. La guardi timidamente, perché sai che tutti la stanno guardando. Tra una sorsata e l'altra le parli, o meglio immagini di parlare con la tua personale Cristina. Lei ti ascolta e ti sorride e te ne vai soddisfatto, lanciandole un ultimo sguardo. L'unica parola che in effetti esce dalla tua bocca è un gutturale *Auf Widersehen*, lasciando ad un altro il posto delle tue fantasticherie. Anche allo Spaccio 5 c'è un'altra donna. Ha gli occhi scuri e caldi. Dicono che sia una francese e pare che ti chieda milletrecento marchi. E i marchi troncano i tuoi sogni, anche se il denaro non ti manca, anzi ne sei pieno. Dieci settimane nel fango! Ad Auerbach ci sono i *Gasthaus*, dove potrai avere una porzione di sangue con contorno di fritte. Devi dire pressapoco così: "*Bitte Frau – o Fraulein – eines stamm*"; non prima però di avere ingollato un bel po' di birra. Più birra bevi e più probabilità avrai di mangiare. Non dimenticare di salutare battendo forte i tacchi quando entri. Togliti il basco e vatti a sedere al tavolo che preferisci. Domanda permesso e siediti senza soggezione, anche se a quel tavolo ci trovi un Ufficiale. Con tutte le istruzioni varchi il confine del *Lager*. A lunghe sorsate bevi questa apparente libertà, illudendoti che ti possa giovare per resistere ancora un poco nella baracca in cui sei relegato. Ti si avvicinano dei bambini biondi, un girotondo di bambini biondi che ti chiedono francobolli italiani. Accidenti! E con le mani spieghi che non hai con te francobolli, ma che senz'altro la prossima volta gliene porterai. *Danke Schön*, rispondono e scappano in giro tondo accerchiando altri soldati. Aho! Li richiami. È dal campo che meccanicamente, con la mano in tasca, vai contando degli strani bollini che ti danno il diritto di ottenere delle piccole paste, simili e "veneziane" in formato ridotto. Una testa bionda si volta e ritorna correndo. Toh! e gli fai intendere che è un bollino per un dolce, e gesticoli alla maniera dei napoletani. Lui sa perfettamente cosa significa quel piccolo rettangolo di carta. Ti risponde: "*Nein, nein dankeschön*". Il piccolo ti sta facendo perdere l'appuntamento con il famoso *stamm*, così gli cacci il bollino nelle tasche e te ne vai lasciare dolo in mezzo alla strada e contemplare sorridente quella ghiotto neria. Il *Gasthaus* è pieno zeppo di affamati che ingollano birra e invocano: "*Bitte eines stamm, Frau*". I boccali si accumulano, ma il famoso piatto non arriva. Sei schiavo dello *stamm*, e segui le donne che vanno e vengono nel locale. Dopo qualche ora diatte sa puoi finalmente gustare il famoso piatto e lo trovi gustosissimo. Studi il sistema di conquistartene un altro, ma non è possibile. Manca il tempo, e sei gonfio di birra. Non hai visto niente di Auerbach, è scesa la notte e pioviggina. Ritorni sulla strada che conduce al *Lager*, attraversi il sottopassaggio della ferrovia, guardi le finestre di quelle ultime case. Non trapela il più piccolo filo di luce. Già, è la guerra. Sai che sul davanzale, sul fondo di tendine ricamate e bianche, spie ceno tanti gerani rossi. Sai che in una piccola stanza c'è un bambino biondo, al quale hai promesso dei francobolli. È notte e sempre la solita fuliggine rossastra, laggiù, sopra la cima di quegli abeti. Sempre la solita aria pregna di polvere incendiata che raschia la gola. Varchi il confine ed entri nel Lager. Nella masse scura delle baracche scegli la tua ed entri, lasciando che ricada alle tue spalle la sbarra rossa e bianca che spranga il passaggio alla vita. Dai una piccola scrollatina all'acetilene e la fiamma si ravviva. Prendi un pezzo di carta e scrivi che ti mandino venti francobolli. Fuori piove. La gloria parlava di me. Finalmente la calma dopo giornate tremende. La notte era bellissima, alle mie spalle un tenue chiarore.

Roma era stata presa, ma che importanza strategica poteva avere?
Nessuna. Una importanza morale? Neppure. Risparmiata da una clausola che diceva "città aperta", niente carri armati e cannoni e difesa. Soltanto curiose alabarde su una sfondo di drappeggi variopinti e qua e là, imponenti e impotenti personaggi di marmo, testimoni di una civiltà finita e superata. L'armata alleata entrava tranquillamente, a passo turistico, seri za la grinta del combattimento. Un'armata di macchine fotografiche, di reporters affiancati da guide turistiche. Roma, città libera. Roma, la capitale eterna. Roma, puntellata su rovine millenarie ciucciava senza sforzo, senza alcun sacri ficio dalla vecchia Lupa. Parigi crollò, Londra resistette pur essendo massacrata, Mosca fu irraggiungibile, Tokio era troppo lontana per sapere in quale situazione fosse. Berlino la conoscevamo, e quando Berlino fosse caduta combattendo, la guerra sarebbe veramente finita. Non prima. Queste città, senza presenzione alcuna, erano capisaldi strenuamente difesi, dove si giocavano le sorti di vecchie e nuove ideologie e da dove sarebbero senza alcun dubbio scaturiti nuovi valori ed un rinnovato progresso scientifico. Roma era stata esentata. Firmato un trattato alquanto equivoco, non interrompeva il suo letargo e dormiva cullata dai suoi sogni di grandezza, all'ombra dei secoli. Da molto tempo la razza latina ripiega ubriaca lungo la via Appia e va a smaltire la sbornia tra i tranquilli ceri della città eterna. Che ci importa di Roma. Quando Berlino crollerà, tutto sarà finito. Quando Berlino non sarà che un immenso ammasso di morti e di calcinacci, tutto sarà veramente finito e noi forse potremo finalmente riposare. Siamo in luglio. La nostra terra laggiù è arsa dal sole. Montagne e campagne piene di gente sperduta e randagia. Spaurita. Non vele colorate all'orizzonte. Spiagge desolate senza grida. Qui la solita caligine grigiastra e l'erba grassa d'acqua. Il ciliegio si sforza di apparire bello. De questo scenario monocolore sguscia ancora una volta il nostro Capo. Sarà l'ultima volta che lo vedremo con la testa all'insù. Lo rivedremo poi in piazzale Loreto, a rovescio, e ci apparirà mostruoso, come del resto tutta l'umanità se le vedessimo capovolte. Con passione violenta parla di traditori. Con esaltazione per la di martiri, di sacrifici, di eroismi. Con

disprezzo elenca soprusi e cita la società corrotta e ignobile. Parla poi dell'Impero, dell'Asse. Sono passati più di venti anni e l'oratore stringe in pugno questo tempo in meno di trenta minuti. Ma da questa morsa ferrea del tempo comandato da un uomo, sguscian delle squadriglie fantasma, delle flotte impotenti e distrutte, un esercito povero di mezzi e scalcinato, una preparazione inadatta per sostenere un reale urto bellico. L'oratoria è rovesciata da una folla randagia e sbaragliata, affamata, miserabilmente disorganizzata, incosciente di fronte allo spaventoso dramma ed inerme alla potenza degli avvenimenti. Tutto questo passa senza ragione alcuna, scivola di fronte all'*Armata Liguria* come un maestoso, solenne e beffardo corteo funebre. "Italia!". "Italia!", è la risposta di soldati senza patria. Si, è tempo di rivalicare il Brennero. Simili ad una valanga aggiungeremo alle distruzioni altre distruzioni. Tutto il mondo sa che la Germania ospita ed addestra l'*Armata Liguria*, l'esercito ufficiale della Repubblica di Salò. Noi arresteremo il nemico, lo ricacceremo, ritorneremo sulle posizioni perdute. Ciascuno per suo conto farà la sua guerra. Ci si batterà fino all'ultimo, spinti dalla paura, dalla vendetta, dall'onore anche, e dalla disperazione. Noi balzeremo al pari di feroci tigri sul corpo ben tornito della Repubblica Stellata e rapiremo le stelle. Questa è l'*Armata Liguria*, comandata dal Generale Graziani. Valicheremo il Brennero, è tempo. Passi cantando lugubremente l'inno della *Luftwaffe* e il terreno trema sotto gli scarponi. Attraversi per l'ultima volta le strade di Auerbach. I soliti bambini biondi ti guardano sorridendo. Le donne ti guardano con occhi che non hanno riflesso: esse ci vedono storpiati e attraverso quei riflessi vitrei senti che non c'è più amore. Tutto si è perso. Canti a squarciagola l'inno della *Luftwaffe*. Domani sarai distante da questi occhi senza fondo del *Lager*. Passi duro ed impettito e bimbi dagli occhi chiari ti osservano sorridendo. Accidenti! Gli avevi promesso i francobolli! Frughi nelle tasche, non c'è tempo, la marcia ti trascina inesorabilmente lontano, molto lontano. Quegli occhi sorridenti rimangono indietro per sempre. Domani tutti i bambini di Auerbach si affacceranno tra le tendine bianche ricamate e i gerani rossi, e nel grigiore di quel cielo attenderanno i tuoi francobolli. Non rimarrà più nulla della baracca *32 B*. Il *West Lager* sarà vuoto, non sarà più che un oscuro ricordo; forse un'allucinazione nel tempo. Con un forte soffio si è spento per sempre l'acetilene, la cara e odiosa acetilene che rischiarava appena le cose di quel tempo, ma che abbracciava con amore una parte della tua vita. Ora dinnanzi e te non c'è che buio. Accidenti, gli avevi promesso i francobolli. I canti si erano spenti col sopravvenire della notte. Una marcia forzata senza respiro ci tolse l'entusiasmo del ritorno e ci trovammo così accatastati, ammassati sulla tradotta. Ci staccammo lentissimamente dall'incubo, e all'alba un sole stanco ed anemico illuminò piane acquitrinose su uno sfondo verde carico. Tagliammo a sghimbescio la cascata fuligginosa ed acre degli incendi di Norimberga e di Monaco, il sole fiacco cascò al di là dei nostri occhi e sprofondammo in un'altra notte. Il freddo era intenso. Il treno ora arrancava aggrappato a pareti di alte montagne. Una luna grossa e piatta dallo zenit schiacciava le ombre ai piedi delle cose. Da questi strapiombi dominavamo l'Austria, prossimi ormai al valico italiano. Nessuno parlava, tutti alle sbarre, la solita brace delle sigarette che oscillava. Lo scoppio improvviso di una bomba scosse violentemente le lastre di ghiaccio delle vette, frantumò il muro gigantesco del silenzio, mandò in pezzi la porta di un vagone e scheggiò la carne di soldati. La locomotiva si fermò immediatamente come presa da sincope; il rimanente del convoglio fu percorso da tremiti, da convulsioni epilettiche. Migliaia di occhi perforarono la notte con stupore e odio. Una sarabanda forsennata seppellì il treno, si orientò e dopo alcuni attimi un branco di lupi si staccò decisamente da noi, guidato da secchi comandi che si persero tra crepacci e gole. Eccoli riapparire d'un tratto con la preda, i denti inesorabili della *Machinengewehr* fecero il resto. Sazia della sua potenza tacque al "Pronti!". Centinaia di voci urlarono "Pronti!" e il gigantesco branco scomparve dentro la tana mobile. La motrice si mosse bruscamente, il resto sobbalzando a tentoni ne seguì l'andatura. La lunghissima sfilata di soldati senza patria passava innanzi e ombre cenciose e immobili che potevano finalmente guardare con più serenità la volta del cielo, per sempre. Erano simili, del tutto simili, alle sagome impagliate del lontano lager e si rise, una generale risata rauca e selvaggia. La costa ligure è simile ad una tavolozza, sulla cui superficie blu si riflettono una infinità di tinte morbide e brillanti. Dalla Foresta Nera alle gradinate di ulivi lo sbalzo è enorme, ma l'aspetto delle cose è il medesimo, segnato come è dalle ru ghe della guerra. Il mare è deserto, le barche sono colate a picco o giacciono ab bandonate e putrefatte. La guerra ha strozzato le risate dei ragazzi che giocavano alla guerra con palle di sabbia. Le case sono vuote, gli intonaci bucherellati o divelti dal piombo. Lo spettro della guerra si riflette nell'opacità dei vetri e dei cristalli, nelle schegge di specchi carichi di polvere. La miseria ha ingoiato ogni sorta di pudore e di onestà. Comunque nell'aria c'è un vago ma inconfondibile senso di innovazione. Tutti sentono il bisogno di modificare le loro necessità. Si sente l'esigenza di un nuovo abito morale, di nuove e più serie riforme sociali, di un rinnovamento profondo. Quindi si va con il demone della guerra alla ricerca di nuove vedute, distruggendo tutto quello che ostacola la marcia verso nuovi orizzonti. Non ci sono idee chiare, presi come siamo da questo spasmo violento, le nostre azioni quindi sono violente e mancano di tolleranza. La nostra *Armata Liguria* si sta penosamente sfaldando, presa d'assalto da forze sconosciute, impreparata ai problemi caotici di questa ora, stretta nella morsa del dubbio. Il sole della penisola ha ridestato in ognuno di noi quel senso di libertà, se cosi si pub chiamare, che generalmente trae origine dalla irrazionalità del nostro temperamento latino. Così ognuno sceglie la propria strada staccandosi dalla lunga colonna e dileguandosi all'orizzonte incontro a nuovi destini. La quantità numerica di questo strano e improvvisato esercito si impoverisce, dissanguato dagli avvenimenti. La disciplina si è tramutata in teoria ridicola. Scesi da Nord dopo aver sopportato ed in parte approvato la pesante legge del *III Reich*, ci si ritrova praticamente nello stesso cortile della stessa scuola paralitica della vecchia Italia Imperiale, con i suoi alti ufficiali impomatati e i medesimi parassiti della vecchia generazione. La Repubblica di Salò apre un nuovo capitolo e offrirà alla Storia un altro tradimento. I reparti delle varie milizie si odiano, e senza troppi sottintesi il piombo è la conseguenza tragica e ridicola di una Italia che si ritrova all'improvviso feudale. Le fazioni sono divise in convinti patrioti, in vendicatori per l'onore, in codardi, in partigiani, in paranoici assassini celati dietro nuove ideologie. La diserzione è dilagante. Questo è l'aspetto vero, reale e vivo dell'anno 1944. Soldati senza patria, distesi ventre e terra lungo l'arco di questa bellissima e desolata riviera, attendono i nemici. Dietro la schiena i partigiani della Stella Rossa, di fronte la potenza della Repubblica Stellata. Partendo da Finale abbiamo raggiunto a piedi Andora. Manca l'acqua e il caldo è atroce. La Contessa Quaglia, costretta ad ospitarci sulle sue terre, col cuore di una assistente sociale e con grandi parole da benefattrice ci sussurra teneramente: "Poveri ragazzi, che fame e che sete dovete avere!". Noi mimiamo col capo ed attendiamo la notte per poter saccheggiare nei suoi vasti frutteti. Noi, un branco di soldati senza patria. Gli uomini sandwich trascinano sulla schiena scritte pubblicitarie, noi sospingiamo con il ventre il motto della terribile divinità. *Gott mit Uns* è qui con noi alla cintola, che serra gelosamente centinaia di grammi di polvere da sparo, luccicanti pugnali, bellissime *P 38*. *Gott mit Uns* è l'implacabile pubblicità del mondo cristiano.

"Butta giù la porta!". "Calma ragazzi!". "Aprite, spicciatevi porca madosca!". "Vengo, vengo. Gesù, Misericordia".

"Sono i repubblichini…", sussurrano. "I repubblichini", è un grido che è dilagato di casa in casa, un misto di terrore e di ironia.

"Dammi un *Panzerfaust*, faccio saltare tutto!". "Calma!".

Dietro quelle porte senti il solito parlottare, come di qualcuno che si sforzi di disporre cose e persone in una sua personale maniera, nell'intento forse di celare la propria paura alle stesse cose e persone.

"Ah, finalmente vi siete decisi". "Che volete? Non c'è nessun partigiano!". "Serata da lupi!". "Nessun partigiano?". "No, nessuno". "C'è del vino se volete, o del latte?".

La solita offerta per imbonirci, come se non fossimo capaci di prenderci quello che vogliamo. In tutte le case, in tutti i villaggi, sempre gente che balbetta, che trema. Bambini che si danno alla fuga, o che si trincerano dietro la schiena del vecchio o della vecchia. Ragazze che se ne stanno immobili accoccolate presso il camino con lo sguardo fisso sulla fiamma. Non manca la maschera ipocrita del prete, sbucata per chissà quale magia da una tonaca stretta, la rivoltante posizione delle mani incrociate che riposano sull'abbondante trippa. Questa chiazza giallastra e nera sembra soffiarti a mò di zampogna: "Non so nulla, mi curo soltanto di queste povere anime". In realtà spesso è un delatore, uno spione. Ognuno si rifiuta di parlare, nessuno sa. In parte è vero, la confusione è enorme, l'Italia del 1944 non sa perché ci siano tanti boia e altrettanti decapitati. I nomi di tutti questi probabili nemici, gli elenchi dei partigiani, ci vengono segnalati da informatori. Come è d'abitudine, uno della famiglia sarà nostro ostaggio nelle patrie galere. Chiediamo i documenti. Loro sanno benissimo che i documenti non servono proprio a nulla, ma stanno al gioco. La vecchia sale pesantemente i gradini sgangherati e tu soldato senza patria te ne stai imperterrito ascoltando attentamente ogni minimo rumore che possa essere sospetto. Fissi le fiamme mentre con la coda dell'occhio controlli ogni impercettibile movimento, appoggiato dalla canna del mitra che sorniona e silenziosa impedisce ogni più piccola reazione. Il vecchio sfiora con mani carezzevoli le teste dei piccoli, forse per sentirsi più vivo, forse per darsi coraggio. Certamente stava raccontando ai nipoti che lui, durante la grande guerra, aveva un fucile lunghissimo e che il boemo saltò su, ma lui lo freddò prima che l'altro dicesse "beh". Anche tuo nonno, se ti ricordi, diceva più o meno le stesse cose. L'hai interrotto, irrompendo minaccioso, spianando un corto fucile dal tiro rapido, impugnando nervosamente strane bombe dal manico di legno. Gli hai chiuso la bocca proprio nel momento in cui stava forse prendendoci gusto. Ora ti guarda di traverso, burbero e trasognato, come se tu fossi il famoso boemo, e lui un povero cristo, armato di un vecchio e innocuo catenaccio. I piccoli guardano spauriti la scena, perché senza alcuna ombra di dubbio sei uscito dalla favola a spaventarli, senza che il loro saggio e bravo

nonno sappia ricacciarti da dove sei venuto. Ascolta vecchio, non senti che i ragazzi ti sussurrano di prendere il fucile, il famoso lungo fucile. "Ammazza il boemo" – ti dicono – "e dai, ammazzalo!", ti ripetono. Di sopra i cassettoni scricchiolano, giù da basso soltanto il respiro affannoso della vita e il crepitare secco del fuoco. Finalmente ecco la vecchia, che con mani grinzose rese insensibili e inarticolate dalla fatica, ti consegna una fila di papiri. Atti di nascita e di morte, vecchi conti, ricevute, ricette mediche, tutta roba che a osservarla attentamente ti spiegherebbe che cos'è la miseria, quali i suoi costumi e le sue abitudini, il perché di tanti sacrifici. Ma che ti importa, in definitiva, di tutto questo? Forse che gli altri comprendono la tua scelta, i tuoi motivi? Quando ti acchiappano ti uccidono e basta. Lasci tutto questo filosofare ai posteri e prendi il libro familiare per scaraventarlo lontano.
"Dov'è vostro figlio?" "Non sappiamo niente" "Dov'è? Porca miseria, rispondete giusto!" "Non abbiamo fatto niente di male" "Non ci sono partigiani da queste parti?" "Ah no, mai visti. Forse più lontano…"

Ti ripetono lo stesso ritornello. Tutta la gente di questa terra si è passata la voce.

"Il ponte chi lo ha fatto saltare?"
"Chi ha tirato sui nostri?" "Chi ha infilato i testicoli in bocca a quello che sta sotto gli ulivi?"

La nostra voce minacciosa si perde nel silenzio. La paura e la complicità li hanno resi muti. Sono senz'altro d'accordo con i partigiani! Ma può anche darsi che i quattro, i mille, i centomila porci ed assassini che gremiscono l'Italia violentino, rapiscano, sgozzino, all'insaputa di questa povera ed imbelle massa di pecore. Del resto anche noi agiamo senza l'approvazione di nessuno. Così ora nelle case italiane i bimbi piangono, i vecchi tremano, gli antichi fanti del Piave sono costretti a piegarsi su di una sedia colpiti da calci e pugni. Le vecchie ciabattano implorando santi e madonne, le giovani pensano con raccapriccio agli atti di violenza cui potrebbero essere soggette. Non c'è più terra nè patria, impassibili e muti, cospargiamo di benzina ogni cosa e si brucia. Tanti anni di lavoro, di enormi pene, bruciano prese d'assalto dalla benzina. È necessario distruggere, radere, fare piazza pulita per prevenire col terrore le imboscate. La gente è stanca di soprusi, stanca di avere fame, sfinita dalla guerra ed è quindi logico che nutra simpatia per coloro che offrono pace e tranquillità. La legge della guerra comunque è uguale per tutti e la risposta alle imboscate, allo stillicidio di uccisioni perpetrate dalle bande partigiane, è la rappresaglia. "Avanti, vecchio", e il vecchio, incespicando, sospinto dalle canne dei mitra ci precede e finirà il suo calvario quando ritornerà sereno e se è scritto che potrà vivere. La casa è ormai lontana, un rogo chiaro e diabolico contro la parete della notte, il resto della famiglia danza attorno all'incendio, cercando di salvare la vita a mille piccole cose che fanno parte e che sono parte della loro esistenza. Il vecchio guarda ogni tanto all'indietro, con lo sguardo trasognato e inebetito. Questo succede dappertutto, almeno in tutta l'Italia del nord. Noi e gli eroici partigiani giochiamo a nascondino e ci stiamo massacrando. Siamo ad Andora ma non ci rimarremo a lungo. Il Tenente Natale è in tenda con noi, non ama le comodità offerte alla Villa Quaglia che sta sotto di noi. Ci dice che, d'accordo col Maggiore Uccelli è riuscito e contattare i partigiani della zone. L'incontro è avvenuto a Conna ed è stata stabilita una tregua. Si tira il fiato, in definitiva noi siamo truppe dislocate lungo la costa per fronteggiare un eventuale sbarco degli alleati. Si passano giorni tranquilli, ci hanno fornito delle mutandine da bagno, il caldo è afoso tra questi pini. Si gira a piedi nudi sulla terra secca, arsa, polverosa. A turno, in cinque o sei, ce ne andiamo in libera uscita, passando dalla galleria di Capo Mele sbuchiamo e Laigueglia e ce ne andiamo fino ad Alassio a mangiarci il gelato. E' una sfacchinata che ci occupa tutta la giornata per un gelato! Ieri con Sala, Secol, Miotti, stavamo seduti nella trattoria dell'Albergo *Milano*, qualche fetta di pane con pomodoro e olio e vino bianco. Ad un tratto la porta si è aperta e un uomo robusto, anzi massiccio, è entrato sostenendo sulle spalle Spartaco che era in un bagno di sangue. Un proiettile gli era entrato nel braccio sinistro ed era uscito dietro la scapola. Dietro, il foro era grosso come un pugno. Lo abbiamo tamponato con dei pezzi di tovaglia, in attesa che arrivasse qualche mezzo per trasportarlo ad Alassio. L'uomo che lo aveva portato ci ha spiegato, in italiano sassone, che si trovavano in barca appena fuori e che qualche cecchino tedesco suo camerata aveva sparato dalle postazioni di Capo Rollo. Lo dovevano pur sapere che è proibito andare per mare! La vita sull'Aurelia è triste e povera, qualche camion, qualche carretto. Poca gente che viaggia a piedi, che va e viene. Passa la tristezza e la povertà, anzi, la miseria. Ai posti di blocco la *San Marco* ferma la gente, per lo più sono donne di una certa età, portano a tracolla borse e fagotti. Dentro c'è farina, olio, sapone. È borsa nera! Quella con la farina è gente che arriva dal Piemonte e anche dalla Lombardia, quella che porta olio, sapone e sale alla Padana. Centinaia di chilometri per un poco di cibo. Che fare?

"Via, Via! Andate, presto! Noi non vi abbiamo visto!"

Per qualcuno è borsa nera, per qualche altro è sopravvivenza. Alla fine d'agosto la tregua è finita improvvisamente. Ieri mattina abbiamo ricevuto l'ordine di aprire il fuoco prima su San Pietro e poi abbiamo girato i mortai su Chiappe e Villa Faraldi. È successo che un certo caporal maggiore Casiraghi di Milano, filo comunista, è riuscito con la complicità di un gruppo di partigiani a sorprendere all'alba il Plotone Cannoni comandato dal Tenente Caronni. Ferito l'ufficiale e colti di sorpresa i marò ai pezzi, sono riusciti a portar via i cannoni da 75/13 e a fare prigionieri tutti gli uomini del plotone. Un graduato tedesco, ferito anch'egli nell'attacco, è riuscito a scendere al Comando alla Villa e a dare l'allarme. Sono partiti due plotoni, uno della 6ª e l'altro della 7ª Compagnia. Noi della Squadra Mortai, lasciati i pezzi nelle postazioni, siamo poi partiti alla volta di Conna, alla guida un graduato della Brigata Nera di Alassio. Costui, ossuto e barbuto, arrivato al paesuncolo di Conna ha incominciato ad appiccare il fuoco ad alcune case senza alcuna giustificazione e senza alcun ordine. Natale ha reagito, ma l'altro gli ha urlato che quegli "sporchi contadini partigiani" gli avevano violentato e ucciso la figlia. Noi si chiedeva documenti e quello invece spintonava, picchiava e dava fuoco! Siamo scesi poi a Stellanello per risalire fin su a Testico. Era notte quando siamo rientrati alle postazioni di Villa Quaglia. I cannoni sono stati recuperati, anche parecchi uomini del Plotone. Villa Faraldi e Chiappe sono state incendiate per rappresaglia. Del Casiraghi nessuna traccia. Il tempo sta passando veloce. Non penso neppure a scrivere a casa, del resto che gli potrei scrivere, lontani come siamo di idee! Siamo a metà settembre, è arrivato in tenda Natale, è rammaricato, dispiaciuto. Ha dovuto difendere un civile, davanti al Tribunale Militare, imputato di aver tramato contro la *RSI*. Pare che con alcuni partigiani e con la complicità di elementi della *San Marco*, stesse preparando un attentato per far saltare la galleria di Capo Mele. Nella Galleria ci vivono molti civili nei loro... "appartamenti" divisi da tende e da stracci. La somma per tale impresa si aggirava sulle trecentomila lire. È dispiaciuto Natale perché il civile, tra l'altro vedovo e padre di un piccolo di sei mesi, forse non c'entrava per nulla. È stato fucilato e seppellito nel cimitero di Andora. Ce ne andiamo veramente, lasceremo il litorale per l'entroterra savonese. Sono pronti dei camion. Natale è incazzato, trova ingiusta la promozione di Messina a Capitano. Infatti, diciamola com'è, Messina non capisce niente di una Compagnia Pesante. È un armatore di Palermo, Capitano di lungo corso, bravissimo forse su una nave, ma per terra? Natale al contrario ha mesi e mesi al comando di Batterie di mortai in Russia e in Jugoslavia. Anche lui è di Palermo. È un temperamento calmo, ispira serenità e fiducia, ed ha un sesto senso, "prevede" e questo vuol dire molto per noi della ciurma. Abbiamo lasciato il mare, è il diciotto settembre e siamo a Pallare, alloggiati in una casa lunga e bassa sulla piazza del paese. C'è un bel noce davanti alla casa. Come 1ª Squadra mortai siamo di appoggio alla 7ª Compagnia fucilieri del Capitano Burrone, altro Tenente passato di grado. Non è molto tempo che siamo qui e già siamo in guerra con i partigiani. A Mallare hanno ucciso alcuni dei nostri in una imboscata. Il Plotone comandato da Set parte per Biestro e noi con i pezzi lo seguiamo. Chi ci comanda, oltre il Sergente Maggiore Bozzi "l'irascibile", è il Sottotenente Galisai, ex pilota dell'aviazione. Di lui bisogna dire che ha veramente un bell'aspetto, tratti scultorei del viso, capigliatura nera,

Per qualcuno è baffi accurati, occhi azzurri, divisa impeccabile. Ci precede a cavallo e ci sta bene eretto e molleggiato. Però non capisce niente, ma proprio niente di mortai. Ieri l'altro ci ha passato in rivista. Sala, che è un brianzolo mattacchione, si è messo d'accordo con Secol e così hanno piazzato le bocche dei mortai appoggiate nell'alveolo delle piastre. Tutto a rovescio, compresi gli apparecchi di puntamento. Ci si creda o no, il pilota non se n'è minimamente accorto. La risata è stata generale. È sera e siamo rientrati dall'azione, che è stata una dura lezione di rappresaglia. Abbiamo spezzonato il paese a monte per contenere la fuga verso l'alto Bormida mentre Set irrompeva nel paese. Set è veramente un ufficiale come si deve. Parecchia gente come lui appoggiata da mezzi rapidi per gli spostamenti ed avremmo meno imboscate e meno uccisioni. Abbiamo in ogni modo un Alto Comando non all'altezza della situazione, è un comando molle. Nell'azione di Biestro ci hanno lasciato la pelle sei o sette partigiani. Speriamo che per un poco di tempo ci lascino tranquilli. Non vado troppo a genio al tabaccaio che è quasi di fronte a noi. Gli ho dato dell'imbecille a proposito di una discussione sorta sul tipo di munizioni usate dai tedeschi. Dice che i proiettili sono avvelenati. Sembra di essere tra gli Zulù. I giorni passano ed il freddo e l'umidità incominciano a sentirsi nelle ossa. La nebbia fredda e bassa si alza dal Bormida, il sole sembra scomparso. Andora, la sua spiaggia, il suo mare, sono lontani. Ogni tanto per diversivo si pattuglia con Galisai la carreggiata che da Pallare va a Carcare. Domani è il trenta, partiremo per un importante rastrellamento. A piedi siamo passati per Carcare, poi in prossimità di Cairo Montenotte abbiamo piegato per salire sino a Carretto, passate Ville siamo scesi a Valle. Era notte, un poco di viveri a secco per rifocillarci. All'alba per una mulattiera abbiamo raggiunto Golasecce, ci siamo inoltrati sulla dorsale di fronte al Castello di Prunetti, abbiamo piazzato i mortai e atteso l'ordine del Comando. La 7ª Compagnia era piazzata sotto il costone. Ci giunse un ordine del Capitano Burrone, così incominciammo, aggiustando il tiro, a centrare il Castello. Da sotto gli uomini della settima salivano. Dopo un'ora circa cessammo il fuoco, i nostri avevano circondato il maniero, poi, preso il sopravvento ed entrati nel forte, fatto prigionieri i badogliani. Bisogna dire che si erano difesi molto bene. Quello che è giusto, è giusto, sia detto. Tutto questo faceva parte di una grossa manovra di rastrellamento partita addirittura dal basso Piemonte. Eravamo nel paese di Valle, stavamo pernottando in una casa abbandonata e c'erano delle castagne, così Sala si mise al camino e buttò castagne tagliate tra la cenere. A notte inoltrata sentimmo una sparatoria, dopo non molto arrivarono due Squadre della settima. Erano uscite entrambe in perlustrazione e una delle due si trascinava due giovani prigionieri partigiani, entrambi feriti, uno ad un piede l'altro ad un braccio. Al ferito al braccio il proiettile era entrato nell'avambraccio, gli era uscito per rientrargli nel braccio e fuoriuscire della spalla. Che cosa era successo? Le due pattuglie percorrevano lo stesso sentiero una verso l'altra e quando il rumore fatto dalla marcia le rivelarono vicine si bloccarono e si chiesero a vicenda la parola d'ordine. Diedero entrambe la parola esatta, ma la pattuglia che al lume di torcia aveva intravisto i due borghesi, credendo ad una imboscata, aprì per prima il fuoco. Poi tutto tacque, dopo di che scaturì uno scambio di imprecazioni e fu quello scambio che fece capire a tutti quanti i Marò che si stavano sparando tra loro. Galisai aveva molta fiducia in me e mi diede così l'incarico scocciante di provvedere ai feriti affinché raggiungessero l'Ospedale di Cairo. Andammo con Sala, Dimeo e Ghislini per il paese, avventurandoci in piena notte alla ricerca di un carro e cavallo. Dopo ripetuti dinieghi da parte dei contadini alla fine ci scocciammo e minacciandone uno con le armi ottenni un carro e due buoi, con la sola condizione che fosse il proprietario a guidare il carro a destinazione. Ci mettemmo sopra un paio di materassi ed alcune coperte, caricammo i due ragazzi feriti ed il conducente, seguito da quattro fucilieri, partì per l'ospedale. Nel tardo mattino prendemmo la strada del ritorno, sempre a piedi, sempre coi pezzi in groppa e con le cassette delle bombe a mò di zaino. Passammo per Carretto e nel primo pomeriggio decidemmo di fermarci e riposare nello spiazzo di una frazione, forse era Ville. Galisai era andato avanti con il comando di compagnia e noi venti affamati, in una specie di osteria, ordinammo del cibo caldo. Mangiammo così con avidità polenta riscaldata e sugo con qualche pezzo di carne. Il vino era bianco e buono. Si riprese la marcia che era quasi sera, si incominciavano a vedere le case di Cairo e, in lontananza, quelle di Carcare. Alla mattina da Priero ripartimmo su dei camion, cinque per l'esattezza, rifacendo la stessa strada che avevamo fatto il giorno prima, solamente che, al posto di ripiegare verso Carcare, si dovette attraversare Cairo Montenotte e ci ritrovammo a Dego. Eravamo stati trattati bene, finalmente ci spostavamo su degli automezzi. Da Montezemolo stavamo per arrivare a Tetti, si procedeva abbastanza lentamente lungo la strada sconnessa alla volta di Millesimo, quando dei caccia dal muso rosso ci piombarono addosso. Fu un attimo, in un baleno i camion si svuotarono e tutti giù in fondo al vallone, tra i castagni. Passata l'ondata che ci aveva mitragliati risalimmo, un automezzo era completamente distrutto e un altro stava finendo di bruciare. C'era Uccelli tra noi che sbuffava come un mantice mentre scavalcava il muretto della strada, non dimenticandosi di urlare come sua abitudine: "Goldoni, massa di sacristi!". I fucilieri risalirono sui camion restanti, a noi che avevamo i pezzi da 80 mm ci raccomandarono di aspettare a Millesimo il ritorno dei camion. Imboccando la discesa eseguimmo l'ordine di andare a piedi a Millesimo dove, dopo un bel pò di ore, arrivarono i camion a caricare noi, i mortai e le relative munizioni. Siamo a Dego, alloggiati in una casa che ha tutta l'aria di essere stata un ostello, vi si entra per un largo portone ad arco, all'interno c'è una spaziosa corte fiancheggiata da due ali dove stanze e stanzette si susseguono. La nostra dimora è su un'ala che ha finestre e porte che danno su un torrente il quale sicura mente si getta nel Bormida che scorre poco lontano. Più avanti lo scavalca un ponte. Siamo sempre in appoggio alla settima del Capitano Burrone. Non facciamo turni di guardia, i turni competono a quelli di Burrone. Abbiamo con noi Galisai e con lui ogni tanto usciamo in pattuglia anti-partigiani... si ispezionano conigliere e pollai! Abbiamo fame di cose nostrane, siamo stufi di salamelle, orzo, avena, miglio e margarine varie. Qui sembra non esserci ombra di rivoluzionari. Viceversa e Rocchetta Cairo, dove c'è Arena, un paio di uomini della *San Marco* sono stati eliminati. È uscita subito da Dego la 7ª ma senza risultato, ci vuole altro per intercettare i partigiani delle imboscate. Agiscono sul loro terreno ed è inutile correre alla bersagliera, sono necessari spostamenti rapidi con camion e si ha bisogno di avere una rete di informatori infiltrati un poco ovunque. Ma sopratutto mezzi di trasporto. Dove andiamo a piedi, a parte il fatto che dobbiamo consultare vecchie carte, c'è anche da vedersela con le difficoltà del terreno e con il nostro Alto Comando, non abituato alla lotta antipartigiana. Siamo oramai a ottobre inoltrato, c'è aria di partenza, è passata voce che si andrà sulla linea Gotica, noi dell'*Uccelli* e quelli del *Blotto*. Nel frattempo una delle nostre uscite ha contemplato una passeggiata a Piana Crixia con salita a Parete e ritorno e Dego da una altra parte. Forse vogliamo far presente alla popolazione che la San Marco è ovunque. Siamo sempre a piedi, cosicché se ci fosse qualche partigiano nei dintorni avrebbe tutto il tempo di mangiare, bere, fare all'amore e prendere il largo con la massima tranquillità. Domani sera arriverà in visita la moglie di Galisai o almeno crediamo sia sua moglie! In suo onore decidiamo di organizzare una piccola festicciola. Sala, Secol, Teruzzi e il sottoscritto questa sera sul tardi abbiamo fatto irruzione in un gallinaio a latere della chiesa. Sala, che è contadino brianzolo, vi si è infilato dal tetto, così senza rumore alcuno dal foro aperto uscivano le galline già stecchite, ci passò poi tre conigli. Col sacco pieno siamo entrati nell'osteria che sta di fronte al nostro ostello. Il locale era semivuoto, c'erano due tavoli di vecchi che giocavano e carte nel silenzio più assoluto. All'oste, tipo timoroso, abbiamo ordinato per la sera dopo un cenone per ventidue persone a base di polenta e di carne in umido con abbondante sugo, nonché posateria, pane e vino bianco. Un rientro sereno e tranquillo. Non è stata così la mattina. Burrone ci ha messo tutti in fila, era innervosito e voleva che saltassero fuori coloro che avevano annientato le salmerie del prete. Comunque, io mi dico, sti reverendi preti sono sempre a mezzo quando si tratta di cibo! Tutti consegnati! E rimborso in solido a prezzo di borsa nera. Solamente che Galisai fece presente al Capitano che era necessario farsi vedere nei dintorni. Perlustrazione, la chiamava. Si è fatto un giro poi, rientrando sui nostri passi, ci siamo fermati al cimitero. Al becchino il Galisai ha domandato dove era situata la fossa comune e, una volta localizzata e fatta sollevare la botola, ha comandato al Teruzzi di scendere e prendergli un bel teschio. Benché di malavoglia, il marò è sceso e, tra la stupefazione di tutti, ha riportato alla luce, dopo uno o più decenni di buio, un cranio in discrete condizioni. Tornati a casa, il Galisai ha detto al Maggi di prendere dall'infermeria dell'alcool e di cominciare a ripulire e lucidare il teschio. A tarda sera è arrivata da Genova la moglie di Galisai. Bella, bella veramente, bionda, sorridente, con gli occhi splendenti e azzurri. Il Tenente l'ha accompagnata per il paese, ma che c'è da vedere in un paese come Dego? Noi ci siamo dati da fare e preparare la tavolata adoperando cavalletti, casse, tavole da cantiere. Non avevamo tovaglie ma in loro vece usammo dei manifesti presi dalla caserma ormai deserta dei carabinieri. Non si poteva uscire per via della consegna del capitano. Tutti consegnati, accidenti al prete! Si avvicinava l'ora della festa e per nulla vi avremmo rinunciato. L'osteria confinava col torrente, soltanto che era al di là del ponte, quindi si trattava di entrare nel greto, passare sotto il ponte e presentarsi sul retro dell'osteria. Così, presa la stoica decisione, si entrò nell'acqua gelida fino a metà ginocchio e la 1ª Squadra mortai

(56) "l'invitta" passò con i calderoni di polenta, con pignatte di terracotta piene di carne in umido, sacchetti di pane, posateria, nonché abbondanti bottiglie di vino bianco delle Langhe. Il tutto fu ben esposto sulla tavolata al lume di lampade a petrolio e ad acetilene. A capotavola c'era una scatola bene impacchettata. Ci radunammo tutti, arrivò il Tenente e la sua splendida donna. Aprì il pacco, trovò la scatola, sollevò il coperchio, stralunò gli occhi e svenne tra le braccia di Bozzi, che le era a fianco. Nella scatola di raso rosso c'era il teschio che il povero Maggi aveva strigliato e lucidato a dovere, con la scritta: *Il Btg. Uccelli fa strage di ribelli*. La povera donna si riprese poco dopo e cominciò a comprendere che bisognava digerirla all'inglese. Poi tutto diventò più sereno, ci sprofondammo nell'umido di carne e nelle calde e fumanti fette di polenta, assaporando il succo delle Langhe. Tutti guardavamo la bella genovese e forse ciascuno di noi le parlava in silenzio come alla propria donna. Siamo alle ultime passeggiate nell'entroterra savonese, al ritorno da Mioglia a Giusvalla abbiamo incontrato il Tenente D'Agostini degli Arditi di Marcianò, gente in gambe, sono dalle parti di Monastero Bormida. L'aria è gelida e le carreggiate sono fradice, il fango ci affatica, qua e là qualche chiazza che sembra neve, ma è brina ghiacciata che rimane sul terreno. Siamo in procinto di lasciare la Liguria, sono pronti parecchi camion a Carcare. A Carcare chi ci trovo? Nino Sagaria! Quanto tempo è passato! Il mio più grande amico, anzi è meglio dire il mio unico amico. Ardito di Marcianò; sfavillante di armi e mostrine. Un ragazzo molto sentimentale, io un pò meno. Le belle giornate ai giardini pubblici, quelle di lavoro al Consorzio Canapieri, gli scambi di opinioni, la traversata del Lago di Como a nuoto con il Rossi e il Fabbri. Ricordi, molti ricordi. Ora su strade, infangate e giornate meno serene, ecco la nostra vita del tutto cambiata. Volti tesi, corpi e menti in lotta per un certo modo di vivere, per un ideale diverso, per uno scopo differente. Addio giornate di scuola, addio passioni giovanili, addio canzoni e poesie, addio Tajoli nelle balere attorno a Piazzale Corvetto. Finito, tutto finito, forse mai vissuto e mai stato! Ora siamo degli uomini in armi, forse degli assassini! La nostra bella, tanto bella, gioventù dov'è finita? I camion ci stanno aspettando, da Carcare ci porteranno a Genova e poi si vedrà. Abbiamo superato il Cadibona e c'è subito vento di mare. I colori si sfuocano, i venti incalzano tesi e freddi. I gabbiani si riparano negli anfratti rocciosi. Il mare è viola, il suo movimento rabbioso graffia la roccia e ruba la sabbia. La costa ora è squallida e deserta. È ottobre. Notti e giorni si susseguono stracciati da grida e da raffiche di piombo. Braccare la vita! È un ordine: si deve correre alla guerra. È ottobre e due Battaglioni della *San Marco*, l'"*Uccelli*" e il "*Blotto*", scendono sul nastro d'asfalto dell'Aurelia e se ne vanno in Garfagnana. Tre Battaglioni della *Monterosa* ci precedono di poco. Ci hanno fatto scendere dagli automezzi a Genova Albaro, si riprenderà a piedi il cammino fin chissà dove. Ci hanno scattato una foto al passo della Ruta. Siamo all'ombra dei bergamotti di Chiavari. Li avevamo scambiati per arance, ma sono amari come il tossico. Siamo passati dal Bracco e siamo scesi a La Spezia. Ci hanno alloggiato assieme ad un Plotone della settima fucilieri in una specie di cantiere per barche. Viveri a secco. Domani mattina si

ripartirà sempre a piedi per Aulla. A marce forzate andremo incontro al destino che ci siamo scelto. Comunque nulla è mutato nel rinnovato Stato Fascista, tutto è rimasto come al tempo del Gran Consiglio. I cerimoniali devono essere rispettati. Sta scritto che il ricordo della Marcia su Roma ci deve esaltare, e noi per quel giorno dovremo ricevere il battesimo di fuoco e aggiungere nuove fulgide pagine di storia e beneficio dei posteri. Le ricorrenze storiche e quelle religiose sono le nostre armi, sono la nostra disciplina, la nostra forza e tutto questo assurge a valore organizzativo "bellico". Infatti quando un esercito riceve la benedizione tutte le domeniche, prega i santi, prende la comunione, si batte per la trinità, sfila solenne il 4 novembre, agita i labari il 28 ottobre, inneggia all'Impero e canta le leggende della nostra storia non può fare a meno di vincere anche questa guerra. Sì, è vero, potremmo rompere i ranghi e dileguarci. Nessuna forza al mondo potrebbe contrastare la nostra volontà, ma io trovo che sia giusto andare fino in fondo. In fondo ci sono i vari Franz e Fritz che da lungo tempo tentano alla meglio di tamponare le falle che noi, improvvisato popolo guerriero, guidato da comandanti di paglia, abbiamo lasciato aperte: dalla Grecia alla Jugoslavia, dall'Africa alla Sicilia. Franz e Fritz hanno diritto anche loro al riposo. Soldato senza Patria, gonfia il petto, su con la testa, il 28 ottobre è l'anniversario della Marcia su Roma, non devi mancare all'appuntamento: il battesimo del fuoco. Si ritornerà in una atmosfera simile al *Lager*, alla vita dura. In definitiva questo delle retrovie è un vivere che non è adatto a noi. Lasciamo alle spalle le grandi città che pullulano di mostrine, di decorazioni, di fiammeggianti nastrini. Abbandoniamo tutto ciò con un senso di nausea alla gola. Ci distacchiamo dall'accozzaglia di reparti che vivacchiano al nord della linea dei Goti. Vale elencarli? È un favoloso esercito, questo sì, schizzato all'improvviso, d'incanto, sulla scena di questa Repubblica. Sfilano elegantemente da Nervi a Piazza De Ferrari, da Piazza Cordusio e Piazza Duomo, cantando le nostre belle marcette. A noi mancano i mezzi di trasporto, ma costoro girano in lungo e in largo su bellissime corriere. Una schiera simile, in uno spazio così limitato, farebbe paura anche alle orde russe, eppure bastano quattro partigiani dalla stella rossa, non tutti in buon arnese, ma ben decisi, per agitarli fino al parossismo. Così ti è dato vedere queste larve scatenarsi follemente, sparando all'impazzata e senza senno, spargendo il terrore tra la popolazione. Muri tappezzati da migliaia di scritte in bianco e nero con la controproducente chiusura "pena la fucilazione"! Ordini, contrordini, appelli, proroghe, "pena la fucilazione". Così sciacalli, spie, morti di fame, ladri, assassini, poveri borghesi in ciabatte, ufficialetti d'accademia, tutta gente che se ne viveva tranquilla razzolando nel proprio cortile e che si vede obbligata a tentare la grande avventura, spinta da quel "pena la fucilazione". Scivolano lungo il muro delle esecuzioni, vi si acquattano per un attimo, poi d'un balzo saltano fuori come pupazzi da fiera, completamente trasformati e inneggianti al Capo e a Graziani, vanno ad aumentare la confusione di questa caotica Repubblica. Dovevamo essere molti meno, e si sarebbe fatta una più dignitosa figura!

"Oh! Cammina, non vedi che stai finendo nel fosso?" "Sono stanco morto" "Dai, passami il tubo" "Branco di pecore al pascolo, forza perdio, camminare!"

È il Capitano Messina che sbraita alla ciurma: "Serrate i ranghi! Forza ragazzi, serrare, serrare!". Questo è Galisai, l'aviatore che non si è mai sognato una marcia così lunga. È notte, siamo arrivati ad Aulla, dicono che sia semidistrutta dai bombardamenti, noi siamo accampati in un capannone, c'è chiaro e petrolio e zuppa calda. Fa molto freddo. É una notte come tutte le altre del 1944, anno con la sua enorme tavolata di imboscati che va dal Monviso alle Alpi Giulie, dalla Vetta d'Italia alla linea dei Goti. Ci si abbuffa a più non posso, si arraffa e gli avanzi si gettano dietro la schiena. Dietro di noi poi c'è un numero imprecisato di patrioti che distribuiscono anticipatamente salvacondotti e tessere ad honorem per il "dopoguerra". Si partirà verso mezzogiorno per Castelnuovo di Garfagnana, con dei *Lancia RO* della *Monterosa*.

PARTE SECONDA

Il 28 ottobre era passato. Il nostro Alto Comando forse era contrariato, nessun battesimo del fuoco, solamente un laconico comunicato che avvertiva l'Italia del nord, che le truppe della Repubblica Sociale fronteggiavano l'Armata del Generale Clark. Americani e noi ce ne stavamo rintanati, tranquilli ciascuno nella propria fossa. Noi dei mortai eravamo una cinquantina di metri sopra la carreggiata che andava a Cornola, sopra di noi c'era un Plotone della 6ª fucilieri che dominava la Quota 1031. Tutte queste cose le sapevo perché ero ai mortai da 80 mm come telemetrista e avevo sotto occhi le carte topografiche. Dormivamo in un basso essiccatoio, in mezzo alla cenere calda. S'aggiungeva un ceppo all'altro, mantenendo così una temperatura abbastanza confortevole. All'esterno erano castagni e tappeti di foglie marce e putride, chiazze di neve qua e là, freddo intenso. Il Battaglione *"Uccelli"* era dislocato lungo una linea montagnosa che dalla borgata di Cornola andava fino a Cascio, frontalmente disposti lungo il Serchio, attendavamo la grossa e pesante manata degli Americani. Dietro la nostra postazione a circa quattrocento metri di distanza; il piccolo paese di Elio col suo cimitero, più lontano appena distinto tra la boscaglia di scheletrici castani, un'altra piccola borgata chiamata Sassi. Si stava tranquilli a ripulire armi e a controllare congegni. Neppure il radio telefono cicalava, ogni tanto il sibilo di qualche colpo di cannone, il tipico uno – due dei semoventi. Tutta roba americana. Di notte lo spettacolo dei traccianti che si perdevano chissà dove. Pensare di esprimere ciò che pensavo, non è possibile, assediato come ero dalla emozione, da mille timori, e teso nello sforzo di comprendere e di abbracciare la situazione. Cosa si poteva leggere dentro di noi? Non so. Passati dai *Lager* alle coste della Liguria, penetrati nel basso Piemonte ridiscesi lungo l'arco del golfo per precipitare qui, all'ombra delle Alpi Apuane sotto la guglia della Pania Secca, era passaggio troppo rapido che ci aveva sconcertati. Inoltre la reazione della popolazione che faceva ala al nostro passaggio, guardandoci con odio misto a sarcasmo ci aveva svuotato. Qui conducevamo una guerra personale. Non eravamo né incoscienti né criminali! La gloria parlava di me. Finalmente un poco di serenità. La notte era bellissima dalla terrazza gettata arditamente sugli strapiombi rocciosi. Sotto il mare lampeggiava coi suoi infiniti e minuscoli occhi fosforescenti. Alle nostre spalle il tenue e caldo chiarore di una *abat-jour*.
"Cambio. Oh! Dormi?!". "Che c'è, che c'è?". "Non c'è niente. Cambio".

Tutto era avvolto nel silenzio, era una notte qualunque di novembre. Tutto era calmo. La sentinella si puntellava stanca al muro dell'essiccatoio. Il cielo era altissimo quella notte; per tenere bene aperti gli occhi, ciò nonostante, l'uomo con uno sforzo sovrumano, fissava la spina dorsale della Quota 1031 di poche centinaia di metri più sopra. Poi lo sguardo si soffermava quà e là, tentando di penetrare il nero della notte per non essere sorpreso dal nemico. La 1ª Squadra mortai dormiva pesantemente tuffata nella tiepida cenere dell'essiccatoio. L'uomo fuori, solo, combattuto dal terribile sonno e circondato da nemici invisibili. I nemici sono ovunque, ma dove in quale punto si celano alla visuale? La sentinella, strozzata da queste fantasticherie, si svegliò completamente. Erano le ore del terrore. Un uomo può benissimo strisciare nel sottobosco, senza fare il minimo rumore, un balzo e la lama di un pugnale ti entra nelle carni e sei morto. Rumori strani provenienti dalla boscaglia, forse ombre che avanzavano verso l'essicatoio, fece scattare la sicura della *Machine* e attese incollato al muro. Venne alla fine il cambio della guardia, l'uomo tirò un respiro, guardò come atterrito il compagno, e si infilò sotto la bassa porta gettandosi sfinito sulla cenere tiepida. Ora poteva dormire con il resto del mondo.

Era la notte del 16 novembre quando la situazione precipitò. Un portaordini sporco di fango si affacciò nel nostro ricovero, e urlò come un forsennato l'ordine di fare entrare in azione i mortai, scomparendo nel sottobosco in direzione di Cornola. In pochi istanti lo spazio si riempì di un boato inverosimile, una scena accecante, apocalittica, tra vampate di granate, di traccianti, di esplosioni di *schrapnel* in aria. Noi, come ombre zigzaganti, ci buttammo ai pezzi. Reparti americani ci stavano attaccando in massa. Le bocche dei mortai incominciarono a vomitare fuoco in direzione della Quota 1031, le comunicazioni ci pervenivano attraverso il telefono dal Comando di Cornola, dove c'era il Capitano Burrone. La terra, ora, era arata, sbriciolata. Si insaccavano nel tubo bombe ad una velocità folle. Dovemmo incominciare a ruotare il puntamento. Era quasi l'alba, e i mortai avevano girato i 180°: tra il nostro stupore e terrore avevamo eseguito una mezza rotazione del mortaio; il nemico era quindi ora alle nostre
spalle. L'oscurità si stava attenuando e le stelle stavano scendendo, e si posavano sui rami secchi dei castagni ed anche sugli steli d'erba bruciacchiati. Altre si erano posate sugli occhi ormai spenti di compagni morti nell'attacco. Era l'alba e tutti quei corpi immobili stesi, che brillavano di stelle avevano il riflesso vivo della notte. Noi soldati senza patria e senza bandiera non si voleva morire.

"Andiamocene". "Dove vuoi andare?!". "Bisogna fuggire, non importa dove, ma leviamoci di qui". "Ragazzi andate via, fate presto gli americani sono padroni di tutto il costone della quota". "Ehi laggiù, voi chi siete?". "Bersaglieri. Siamo bersaglieri, siete pazzi, filate, perdio, i negri sono dietro la curva di Croce di Sopra. Hanno conquistato Elio". "Sergente, se non filiamo siamo circondati!". "Tony, Richard che fate?". "Avere *Machine?*". "Sì, *Ja...*". "Presto, consegnare due!". "Dove andate?". "Avanti, dietro la montagna". "Ma siete matti!". "*Italienische scheisse!*". "Porca miseria, bisogna fuggire, ma quelli hanno perso il cervello!". "Alt, non sparate più, inutile sprecare munizioni". "Sergente, andiamocene." "Sono sopra il costone della 1031 e noi allo sbaraglio, se ci chiudono la strada di sotto ci polverizzano". "Non posso ragazzi, mettetevi nei miei panni, non ho nessun ordine preciso".

Chiamai il comando a mezzo telefono, ripetute volte. Non rispondeva nessuno, può darsi che la linea fosse stata tagliata da qualche esplosione. Ci eravamo messi al riparo nell'essicatoio.

"Bozzi, se noi ci spostiamo a Cornola siamo vicini al comando, e alla portata di controllare il nemico, sia quello che è sulla quota 1031, sia quello che è ad Elio, perché andando a Cornola non ce li troviamo più alle spalle, ma di fianco. È stupido resistere in una posizione così
scoperta. Abbiamo il comando in linea e il comando non risponde."

Era ormai giorno fatto, la nebbia, una nebbia fitta e gelida che avvolgeva tutto e tutti. Gli alberi sembravano lontani, appena tracciati, in quella specie di polverone umido. L'artiglieria aveva in parte cessato di abbaiare, ma più intenso ora si era fatto il crepitio rabbioso delle mitragliatrici, che andavano azzannando e riducendo a brandelli la nebbia e le ombre che in essa si nascondevano. Al tenuo chiarore della brace e di alcune torce, stavamo in mezzo al pulviscolo della cenere e al fumo azzurrognolo. Stavamo addossati alle pareti. Forse estranei in quei momenti gli uni agli altri. L'estate era calda e luminosa e tu, mi accarezzavi con amore su quella spiaggia che ero riuscito a raggiungere sfinito. L'estate era calda e la tua bocca era morbida e fresca. In quel silenzio in quegli istanti penosi d'attesa, forse tutti stavamo parlando con le nostre donne. Forse erano tante coppie, che si parlavano con tenerezza, che dicevano dell'avvenire, che guardavano con speranza il futuro. Una società di uomini senza patria, che sorridevano ad un futuro senza patria. Avevamo richiamato il comando di Burrone, ma tutto taceva. Stavamo sgranocchiando castagne secche che si tiravano giù dai tralicci di canne, che erano appena sopra le nostre teste. Appoggiati agli zaini chi sdraiato chi seduto, si aspettava.

"Sergente, è passato mezzogiorno, non possiamo star qui ad aspettare l'ordine del Comando, se poi c'è ancora il Comando?!" "*Scireseta*..." "Sì, Bozzi..." "Prendi la mulattiera, vai a Cornola e domanda che cacchio dobbiamo fare. Riferisci che sopra il costone ci sono gli americani. Domanda che fine hanno fatto gli uomini di Capasso e quelli di Arena. Dì inoltre che siamo a corto di munizioni, che non abbiamo viveri e che la linea è saltata da qualche parte. Non possiamo comunicare, spiegagli che qui siamo circondati. È tutto, vai".

L'uomo aprì lentamente la porta, si incurvò come se dovesse caricarsi sulle spalle un peso enorme, ci guardò un'ultima volta con aria rassegnata e trascinandosi una folata di fumo dietro scomparve nella nebbia. Ora soltanto le pietre secolari dell'essicatoio riflettevano veramente lo spettro lugubre del tempo, spingendo innanzi nel più profondo silenzio, i fantasmi misteriosi della
solitudine, della paura, della morte. Soltanto ora sentivamo la terribile presenza della realtà. Quell'uomo che per un ordine e una ragione indiscutibile era scomparso non era altro che un pezzo di carne strappato dal nostro corpo e gettato nel cerchio insidioso della morte, nel tentativo spasmodico di trovare uno spiraglio che ci conducesse alla vita. Il desiderio di vivere era nei nostri occhi allucinati e stanchi, che inseguivano in quegli attimi, le più strane fantasticherie e tutta una serie di appigli, il tutto perduto nell'aldilà di questa realtà immediata. In mezzo a queste pietre millenarie, nel più assoluto silenzio rotto solamente dall'eco lontano di raffiche di mitragliere, ciascuno di noi forse, stava solo a parlare col suo fantasma, celato dal fumo azzurrognolo di un antico ceppo di legna. La porta cigolò pesantemente e i piccoli graziosi gnomi della fantasia fuggirono, al pari di piccoli fanciulli spaventati. Sguardi attoniti fissarono una strana figura avvolta di stracci e fango. I suoi occhi erano pezzi di vetro opaco, senza espressione, ma la sua voce tagliente disperata, mandò in frantumi l'intimità del profondo silenzio, il cuore ci saltò in gola e si provò come un gusto di sangue alla bocca. "Fuggite", disse *Scireseta*, e si lasciò cadere dolcemente per terra, sembrando distendersi pigramente nella calda e soffice coltre di cenere. Con un sussurro di ragazzo stanco ripeté: "Andate, fuggite dove vi pare, alla svelta, io me ne vado a Tre Re". Il Sergente Bozzi guardò l'uomo per un attimo come trasognato, poi, sputando il mozzicone della sigaretta, saltò addosso all'uomo e con i piedi lo colpì ai fianchi. "Non hai il diritto", qualcuno urlò con voce roca e minacciosa. "Silenzio o vi inchiodo, come è vero che c'è da qualche parte un Dio". Aveva la *Machinepistole* sotto il braccio. L'ammasso di stracci che era il Maggi si alzò lentamente.

"*Scireseta*, dov'è il Comando, e rispondi giusto" "Non lo so. A Cornola non ho trovato nessuno, tutto vuoto". "Ci deve essere bene qualcuno, per la madosca" insisté il Bozzi. "Ci ho incontrato quattro bersaglieri, un ufficiale che si era strappato i gradi e tre soldati, stavano legando un lenzuolo a un pezzo di legno. Dicevano che si preparavano alla resa, poi sono entrato nella casamatta del Capitano: vuota e la radio e il centralino intatto". "Sergente, dobbiamo andarcene, noi aspettavamo gli ordini. Sono almeno cinque ore che siamo completamente isolati". "Il costone della 1031 qui sopra di noi se lo sono preso, se i due tedeschi sono andati verso Croce di Sopra vuol dire che hanno preso Croce di Sopra e Croce di Sotto. Poi abbiamo girato lentamente i mortai dietro di noi cioè verso Castelnuovo, quindi significa che quando ci hanno dato l'ordine di tirare su Elio e su Sassi gli americani erano nei due paesi, che sono sicuramente occupati. Il settore A è tagliato fuori, noi abbiamo la possibilità quindi, se ce la facciamo, di andare ad ovest: Cornola – sotto c'è la strada che va' ad Arni, se non è tagliata da partigiani o da americani, abbiamo la probabilità di cavarcela. Se gli *Yankee* marciano così, in due giorni sono a Genova" "Non ti ho chiesto delle previsioni" "Bene Bozzi, comunque penso..." "Non ti ho detto di pensare" "D'accordo!"

Gli altri ci stavano guardando come se tra il Sergente e me vi fosse una intesa segreta, come se avessimo parlato in un altra lingua, ci guardavano con molta diffidenza e con un certo disprezzo.

"Ragazzi, attenzione allora. Dobbiamo trovarci tutti a Cornola poi si vedrà. Gli uomini ai mortai, gli altri alle riservette; prendete le cassette di bombe".

Nessuno voleva morire, e gli uomini della prima Squadra, dalle facce terree e feroci si slanciarono oltre la porta con un impeto travolgente, come se volessero finirla una volta per tutte con quell'orribile spauracchio della morte. Brancolando nella nebbia, alcuni strisciarono come felini alle postazioni dei mortai per smontarli, altri scomparvero sotto terra annaspando alla ricerca delle casse di bombe, poi fu tutto un balzo sulla carreggiata sottostante. Una gara atroce e spasmodica tra noi e il piombo americano, che si schiacciava fischiando sulla strada. Un boato prolungato ed assordante, un gemere ed uno scricchiolare di alberi e rami stroncati e un coro rauco di urli e imprecazioni. Sembrava che sulla quota 1031 stagliato nel chiarore del pomeriggio inoltrato, un negro, sorridendo e masticando gomma, tracciasse con ampi gesti la nostra posizione, dirigendo su di noi tutta la ferocia dell'America. Ci prese un vomito di bava verdastra che schiumando dal fegato colava appiccicosa agli angeli della bocca. I corpi balzavano e si contorcevano presi dal panico, un muoversi senza senso, uno schizzare quà e là automatico, un rotolarsi buffo, come animali presi da parossismo, o come pazzi colpiti da convulsioni epilettiche. Tra il nero e il rosso che chiazzavano i nostri occhi ciechi, inespressivi, enormemente dilatati, si zompava e si ricadeva di schianto e la terra si appiccicava alle labbra, formando una cresta che aveva tutto l'aspetto di uno sfogo rognoso. La lingua era diventata un pezzo di carne filacciosa che non riuscivi a tranguiare né a sputare e i polmoni strozzavano la gola pompando affannosamente aria. Si riuscì a raggiungere Cornola e ci accorgemmo che era quasi notte perché si vedevano le accecanti vampate delle bocche da fuoco del nemico. La paura, maschera ridicola agli occhi dei coraggiosi e degli eroi, stava cacciata nel più profondo delle tenebre. Era ormai notte, ed eravamo ancora al 16. Sembrava tutto inverosimile. Eravamo passati dalla casamatta e avevamo distrutto il centralino ed il radio telefono. Avevamo visto anche alcuni uomini della settima nascosti al riparo di macerie, intravedemmo anche Burrone, ma noi ce ne andammo più lontano e ora eravamo qui in una casa, anzi una bicocca. Ecco perché riassumo, ecco perché sento il desiderio di parlare, di sfogarmi. Non si può fare a meno di gridare ciò che si è provato, perché quello che abbiamo sopportato e visto non ci sarà dato più di vedere, di vivere. E sotto tale aspetto dobbiamo considerarlo una fortuna; sempre se riusciremo a vivere e a poter raccontare. Era notte e si poteva percepire l'attrito della cenere che frusciava nell'aria. Tanti pezzi di vita e di carne, che per un processo diabolico erano stati tramutati in caligine rossastra e che riempiva lo spazio con le sue bizzarre volute. Era ritornata la calma, di tanto in tanto un proiettile tracciante, compiendo un arco luminoso finiva per tuffarsi scomparendo in quel mare di tenebre. Ci eravamo messi al riparo di muri decrepiti e ci eravamo sdraiati su un impiantito di mattoni sporchi ed ammuffiti. I muscoli e le ossa ci dolevano, ma non ci sentivamo sfiniti, anzi, costatando che non avevamo perso la pelle, ci sentivamo in piena forma, come elettrizzati. Di fronte ad una realtà senza precedenti eravamo riusciti a compiere, uno sforzo indescrivibile, che nessuno avrebbe potuto immaginare. Potevamo ben dire che i nostri riflessi erano diventati simili a quelli di un felino. Conoscenza e coscienza erano ormai solo un bagaglio smarrito. Le nostre azioni erano guidate da una intelligenza esterna a noi, era la forza dell'istinto. Ora era passata la paura degli americani, anche se ora ci apparivano invincibili con tutto il loro potenziale. Era finita l'epoca degli eroi che con un solo gesto risolvevano la guerra! Accantonammo le armi in un angolo della casa. *Gott mit uns*. Avevamo acceso il camino, il calore della fiamma incominciava a penetrare nella pelle, asciugandoci i panni e le mani ricominciarono a muoversi meccanicamente pizzicando qua e là il corpo intenti alla eliminazione di centinaia di pidocchi. che ora sentivamo nuovamente passeggiare e rodere. Qualcuno si alzò e da un tascapane uscì fette di pane tedesco, nessuno si sorprese se era del 1942, i denti strapparono e i denti si mossero. Avevamo realmente ripreso a vivere normalmente. La casa era lurida. Questa gente non aveva luce elettrica, ma lampade a petrolio e a carburo. Non esisteva acqua potabile, quindi niente lavandini, niente bagni, ma tinozze zincate. Niente gabinetto ma il pozzo nero all'angolo della casa. Un rifugio miserabile, dove una parte di popolo conduceva penosamente la sua esistenza. Attraverso i vetri grassi e sudici di una credenza in decomposizione, le foto di una famiglia numerosissima, ci stavano osservando. Tra decorazioni di colonnati e balaustre infiorate, su ampie poltrone damascate, tutti i componenti posavano mollemente adagiati e, questo quadro fotogenico, sullo sfondo di un paesaggio irreale, mi meravigliava per la austerità che rifletteva. Questi personaggi che posavano di fronte al fotografo in qualche studio della Garfagnana, dovevano aver provato in quegli istanti, la sensazione che il mondo nel quale erano stati ripresi, fosse una realtà che li contornava da lungo tempo. Un ambiente che faceva parte delle loro abitudini e nel quale più generazioni avevano vissuto e vivevano. Ricchi signori, grossi possidenti di terre, antichi nobili di provincia, in una atmosfera familiare al lusso e alla raffinatezza. Ragazzi e ragazze deliziosamente vestiti, donne con abbondanti abiti ricamati di pizzo, uomini dai cappelli a larga tesa bordati, con cravatte camice e gilet inappuntabili. Indubbiamente tutta questa numerosa famiglia, aveva provato nel breve passaggio di un fotogramma, l'illusione di essere penetrata nei segreti particolari del lusso e di beneficiare delle comodità che dà appunto la ricchezza. Il vestito dalla piega impeccabile e ben marcata, il ritocco ad arte dalla ciocca di capelli, costituiva nella realtà, un desiderio che non andava al di là di una immagine fuggitiva. Questo era il popolo, la grande massa attratta dal piacere di sentirsi sgrassata dalla miseria, libera dalla strozza di preoccupazioni elementari ma vitali. Fatta irruzione nel loro ambiente forse per la prima volta, ci era dato di scoprire che dietro questa maschera appariscente, la loro vita era legata a una catena di miseria, che si trascinava tutto un mondo di aspirazioni fallite. Ed era forse la prima volta, che ci veniva il desiderio di guardarci in faccia e di chiederci reciprocamente chi eravamo e da dove provenivamo. Quanti di noi si potevano riconoscere in quella fotografia! Quanti di noi ne avevano una simile! Chi di noi aveva panni comperati a duro prezzo per vivere il piacere di un giorno! Quanti di noi lavoravano e studiavano al lume di una lampada a petrolio e in quella semioscurità andavano pensando ad un avvenire migliore! Una parte di mondo un campionario di razze, si era dato convegno qui sulla linea dei Goti e, si stava ammazzando, per un lume a petrolio, per una fossa nera, per una tinozza zincata e per mostrare poi, una fotografia della vita orribilmente falsa. Già, chi era ad esempio il Sergente! E Maggi detto *Scireseta*, e Morachiello quello che chiamavamo il conte! Chi era il giovane Arbicò? E il sinistroide Sala che ce l'aveva con gli americani da quale parte era saltato fuori?! E il Tenente Natale, quello dell'Accademia! Da dove venivano, e dove andavano? Tutta questa sfilata di persone che marciavano in una ben determinata direzione, erano nella realtà ma di quale realtà si trattava? Per quale pezzo di vita tutta questa enorme valanga di elmetti rotolava in ogni angolo della terra? Un assalto generale, un massacro generale al lume di tante misere lampade a petrolio e a carburo, nella fossa nera della guerra. Le armi erano abbandonate, si spalancò la porta e apparve Bozzi che si trascinava una cassa di bombe a mano.

"Ragazzi, un momento di attenzione. Sono riuscito a sapere che al di là del costone, sotto l'Alpe di Sant'Antonio, c'è la squadra di Arena, cercheremo di raggiungerla"

Nessuno si era mosso, anzi Miotti, quello dell'ex Battaglione *San Marco*, reduce da Tobruk, gli fece capire che era una pazzia.

"Ma Bozzi! Riattraversare la carreggiata di Cornola; rifare praticamente una parte di cammino che abbiamo fatto, imboccare la mulattiera per l'Alpe, senza sapere da che parte sono i negri, mi sembra una pazzia. Siamo di notte, abbiamo i pezzi e le casse di bombe: i pezzi li lasciamo, leviamo gli otturatori e ci portiamo i congegni di puntamento" "Gli otturatori li abbiamo già tolti, ma non ti seguiamo. Aspettiamo l'alba, il chiaro" "Siete dei vigliacchi, chi mi segue?" "Vengo io", rispose Arbicò.

Così i due uomini scomparvero dietro la porta e furono inghiottiti da una notte dal coloro rossastro degli incendi. Giambra, con la sua barbetta, rimase pensieroso a grattarsi la cocuzza per un po'.
Spegnemmo tre lampade che avevamo trovato nella casa, sprangammo la porta e riposammo. Ci si svegliò che era giorno, dai vetri opachi per la sporcizia e per l'abbandono della casa, si intravedevano ancora i fuochi roventi, di fienili e di case, dalla parte di Elio e di Sasso. Gli americani avevano ricominciato a bombardare massicciamente con la loro artiglieria, appoggiati dal carosello dell'aviazione che spezzonava e mitragliava. Quando uscimmo all'aperto, armi alla mano, trovammo che su

una casa a fianco, dal balcone pendeva un lenzuolo bianco, dentro c'erano sicuramente i bersaglieri, si incominciò così a scendere verso la valle del Turrite, sulla strada di Arni. Quella strada partiva da Castelnuovo e andava al mare. La giornata era fredda e nebbiosa c'era nell'aria quell'odore tipico, aspro, prodotto dagli scoppi e dagli incendi. Era il 17 novembre 1944. Oltrepassata a valle la carreggiata che andava ad Arni, prendemmo una mulattiera e incominciammo a salire. A metà monte, in prossimità di una frazione chiamata Colli, ci trovammo di fronte a strana gente, uscita come d'incanto allo scoperto, che ci osservava con molta diffidenza. Uno di loro si staccò dal gruppo, e ci riferì che salendo ancora andavamo incontro ad un distaccamento numeroso e ben armato di partigiani. Si rispose che noi non avevamo alcun odio e rancore alcuno verso quei partigiani, e salimmo quindi oltre Colci. In cima fummo accolti da un Guardiamarina in perfetta uniforme, con al suo fianco alcuni partigiani bene armati. Anche noi eravamo in armi. Si presentò salutando militarmente, dopodiché si interessò delle condizioni di salute del Tenente Monteverdi, Ufficiale del nostro Battaglione addetto alla Amministrazione, con ufficio a Castelnuovo di Garfagnana. Il Monteverdi era stato ferito gravemente da un attacco partigiano. Ebbene, ecco i fatti descritti da questo Ufficiale di Marina: "Eravamo scesi io ed un partigiano del mio gruppo, per convincere Monteverdi a passare dalla nostra parte. L'azione era stata improvvisa tanto più che eravamo scivolati nell'ùfficio senza trovare ostacoli. Rinviai l'uomo di scorta sulla strada a far da palo. Pur puntando lo *Sten* contro Monteverdi, non avrei assolutamente sparato, inoltre eravamo stati amici. Lo invitai a passare dalla nostra parte. Non ne volle sentire parlare. Stavo per ritirarmi quando sentii una serie di spari. Sparai a mia volta contro Monteverdi e fuggii in strada. Il partigiano che faceva da palo giaceva in un lago di sangue. Malgrado fosse vestito coi panni della *San Marco*, era stato riconosciuto da un Marò, che da un terrazzo l'aveva falciato con il *Mayerling*". Questo fu il suo racconto. Continuò dicendoci che il fronte era stato rotto in più punti dalla Divisione americana, e che Castelnuovo stava per essere occupata. Un fatto era certo: tutta la vallata del Serchio era avvolta nel fumo e dagli incendi provocati dall'artiglieria e dai bombardamenti degli aerei. Ci disse che la guerra sarebbe finita presto. Ci invitò a deporre le armi e che sarebbe stata sua intenzione inviarci verso casa con un salvacondotto, contattando anche il Maggiore Oldham [Anthony John Oldham, Ufficiale inglese comandante la Divisione Garibaldi Lunense, poi sciolta il 28 novembre 1944 dopo il suo fallito attacco sul retrofronte delle unità della RSI, NdE] il comandante della Brigata Lunigiana. Ci scostammo dai partigiani, che intanto erano cresciuti di numero. Che si doveva fare? Il Caporale Maggiore Giambra, ottimo puntatore della squadra mortai, elemento integro di scuola fascista, infatti portava la cimice all'occhiello, suggerì di tentare un colpo di mano. Gli altri scossero quasi tutti la testa. Il colpo di mano sarebbe stato un suicidio. Tutt'attorno c'erano numerose donne e bambini. Pura follia. Così mi venne in mente che tra gli uomini della Lunigiana ci doveva essere un certo Caporale, ex mortaista della *San Marco*, passato armi e bagagli coi partigiani perché di convinzione comunista. Era meglio avvalersi di questo ex camerata e sapere esattamente da lui che si doveva fare. Insomma, avere una garanzia. Chiesi al Guardiamarina di far partecipazione il Teruzzi alla discussione. Feci la richiesta con decisione, e nello stesso tempo ci mettemmo in circolo attorno ai partigiani, armi al piede. Non passò mezz'ora che ci venne incontro l'ex camerata brianzolo. Era il comandante di tiro della brigata, il Teruzzi era un altro ottimo puntatore ai pezzi da 80 mm. Ci sorridemmo, l'uomo era latore di un messaggio, poiché al Comando partigiano già sapevano che noi eravamo lì. Il Maggiore voleva sapere cosa avevamo deciso di fare. Unirsi a loro aspettando gli americani, oppure salire al nord con un salvacondotto da lui firmato? Eravamo tutti abitanti della Lombardia, chi di Milano, chi di Pavia, di Monza, di Macherio, di Merate. Si decise per la seconda proposta, constatando anche che l'Oldham doveva essere un vero ufficiale, e non un soprannome di battaglia di qualche "scappato di casa". La proposta era più che valida e diciamo onesta, tanto più che il Teruzzi si sarebbe aggregato a noi per salire al Nord. Deponemmo le armi, seppur un poco a malincuore, ed aspettammo che il Comando della Divisione ci stilasse il salvacondotto cumulativo. Eravamo diciotto uomini, ai quali si aggiungeva il Teruzzi. Avuto il salvacondotto, fitto di timbri, iniziammo la marcia verso Careggine. Chi guidava la colonna era una donna, e ci seguivano due staffette partigiane armate di *Sten*. Notammo che non avevano fazzoletti di alcun colore. Ogni tanto qualcuno di noi si girava per vedere se arrivava il Teruzzi. Si giunse a Careggine e rimanemmo allibiti. Una folla urlante e minacciosa ci venne incontro spintonandoci e sputandoci addosso. Intervennero le staffette a respingere sotto la minaccia degli *Sten* gli scalmanati, uomini e donne. Sala e il sottoscritto esibimmo il salvacondotto ad un commissario politico, il quale ci fece entrare in una vecchia bicocca adibita ad ufficio. Appose anche il suo timbro. Era un ex poliziotto. Ci riferì che lì le popolazioni erano stanche di tutto, e che bisognava pazientare per la loro intolleranza. Le staffette ci indicarono un fienile a duecento metri circa scendendo a valle, e ci dissero che avremmo potuto pernottare lì. Dietro di noi, parecchio distaccati scendevano anche sei *Cacciatori degli Appennini*. Davano l'impressione che non fossero con noi nella medesima barca. Ed era proprio così; dopo qualche istante parecchie raffiche insistenti e terribili ci dissero che quegli uomini erano morti ammazzati. Falciati da una banda di delinquenti usciti come per incanto non si sa da dove. Si buttarono selvaggiamente anche contro di noi, spingendoci e schiacciandoci con le loro armi contro un muretto a secco che percorreva dividendo i terreni dalla mulattiera. Ci obbligarono a svestirci. Uno di loro disse di farci fuori. Come nei romanzi a lieto fine arrivò precipitosamente il Teruzzi e, in qualità di ufficiale partigiano, dopo una animata discussione li convinse ad andarsene. Nello spogliarmi ero riuscito a nascondere dietro il muro delle fotografie compromettenti, fotografie di combattimenti contro i partigiani nelle vallate di Andora. Non parliamo di Giambra, che si era nascosto un pugnale. Quella notte, nel fienile non riuscimmo a prendere sonno per l'agitazione. Non avevamo neppure freddo, malgrado fossimo appena appena coperti di stracci. Dal quel momento decidemmo di cogliere la prima occasione per scappare, e raggiungere i nostri. Era ancora notte fonda, quando la porta sgangherata si aprì. Eravamo svegli e abbastanza impauriti, il raggio della luna schiacciava a terra una imponente figura d'uomo. Era un partigiano vestito da Alpino. Portava al fianco una pistola a tamburo. Sommessamente, con voce roca ci disse che ci avrebbe portato fuori dai confini della Brigata, perché altrimenti, salvacondotto o meno, ci avrebbero fatto fuori tutti. In un italiano molto stanco continuò: "Questo non è patriottismo, è carneficina". Lo seguimmo a Fabbriche, lì ci lasciò, non prima di averci indicato la strada per Roggio. Aggiunse di non indugiare oltre, di camminare in fretta, e anche di non pensare a prendere altre strade, perché in una maniera o nell'altra saremmo stati sorvegliati lungo il percorso. Avevamo capito che queste bande partigiane agivano ciascuna indipendentemente dall'altra. Ricavai questo da pezzi di carta scritti minutamente. Annotazioni su posti e luoghi dove si passava. Sono anche pezzi di memoria, che ognuno di noi – diciotto marò – della prima squadra mortai, conserva in se, ricordo intatto di qualcosa di esaltante e di squallido. Episodi di una guerra, di una guerriglia, di atrocità e di generosità. Diciamo di un pò di tutto di quello, che la vita ci passa, prima di morire! Lasciammo gli argini di un lago, almeno così ci sembrava, e finalmente entrammo in Roggio. I partigiani ci stavano aspettando alle prime case del paese. Era un distaccamento cattolico. Era il 18 novembre 1944. Ci fu ordinato di entrare in una stalla molto grande. Il Teruzzi andò al Comando, e ne ritornò poco dopo, dandoci la buona notizia che "potevamo dormire tranquilli". Ci portarono un enorme paiolo di castagne bollite e delle mele. Non ci ricordavamo quando era stato l'ultimo pasto, ma fummo soprattutto confortati dal fatto che la partigianeria di Roggio non ci aveva spianato *Sten* o *Parabellum*. Teruzzi conosceva la zona, perciò gli domandammo se era il caso di tentare uno sganciamento, per avvertire qualche reparto della Repubblica. La *Monterosa* non doveva essere molto lontana, però c'era il pericolo di essere bloccati da qualche pattuglia di mongoli agli ordini della *Wehrmacht*. Chi li conosceva, come avremmo fatto a farci riconoscere? In quale lingua potevano comunicare? Non avevamo più nulla che potesse farci riconoscere quali uomini appartenenti all'Esercito della Repubblica Sociale. Il Teruzzi consigliò che era meglio aspettare una occasione migliore. Pazientare, ed aspettare più in là cosa poteva offrirci la strada che dovevamo ancora percorrere. Passammo la notte a Roggio. Era la mattina del 19 novembre 1944, un velo di ghiaccio ricopriva le strade, chi col farsetto a maglia, chi con qualche mantella si riscaldava le ossa. Giunse l'ordine di partire. La fila era aperta da una staffetta armata, e un'altra la chiudeva. Senza troppi intoppi, attraversando un terreno squallido e desolato, si raggiunse silenziosamente Gorfigliano. Gli abitanti ci ricevettero col solito ritornello: "Porci repubblichini, porci fascisti!", ma anche queste grida si spensero, sommerse e raggelate dal sibilo del vento, un vento tagliente quasi insopportabile. I partigiani ordinarono ai contadini di accoglierci. Questi ultimi, più che contadini erano dei veri miserabili, la loro dignità di lavoratori della terra era svanita con la guerra, le sofferenze e l'amara delusione di essere privati di tutto. Con mio stupore e di Sala, mio inseparabile amico, entrammo in una catapecchia, dove una donna era intenta a girare in un paiolo polenta di castagne. Ci guardò da sotto in su percorrendo i nostri stracci, con voce roca piena di rabbia, come se la colpa fosse nostra, ci urlò che quei partigiani lì fuori; erano una banda di assassini, di ladri che avevano portato via tutto. Anche Dio. La donna aveva detto tutto ciò con tanta veemenza e ci faceva capire, che non gli sarebbe fregato niente di essere stuprata e poi uccisa. Eravamo ospiti di gente morta di fame. Mangiammo un pò di polenta. Teruzzi aveva riconosciuto che il suo ideale politico era stato male interpretato. Parlava del padre che era un socialista convinto, come lui del resto, ma che non faceva di queste cose... che era un uomo di fabbrica onesto. Sì, il Teruzzi ora era preoccupato di giustificarsi, in caso di rientro alla *San Marco*. Gli dissi che non c'era nessun problema, dal momento che noi eravamo vivi perché c'era la sua presenza come ufficiale partigiano. Si faceva sera. Ci raggiunse l'ordine che dovevamo partire alla volta di Pieve di San Lorenzo. Io mi annotavo tutto, la mia arma era un pezzo di matita e un pezzo di spessa carta gialla da macelleria. Alla vecchia avevo fregato una specie di borsellino di tela grigio verde, e in quello mettevo tutti i miei appunti. Era agganciato all'interno dei calzoni da cavallerizzo per mezzo di un solido spago. Si doveva aspettare la notte a Pieve e poi, ad intervalli, a coppie passare la statale che da Aulla andava a Castelnuovo di Garfagnana, ed arrampicarci fino al paese di Rignano. Nell'andare verso Pieve, mi si avvicinò il Giambra, sussurrandomi che lui si sarebbe sganciato sulla Statale. Era un ragazzo posato, freddo, quasi impassibile. Il Teruzzi, che aveva assistito alla decisione di Osvaldo, replicò che era semplice e pura pazzia. Alla notte, lui c'era già stato, le pattuglie mongole o le SS non avrebbero riconosciuto nessuno, avrebbero sparato a vista. Si arrivò a Pieve. Era ormai tardi, riuscivamo comunque a vederci ancora in faccia. Chi ci trovammo di fronte come capo della piccola brigata? Una donna! Aveva l'aria di essere stata forse una impiegata comunale. O forse una maestra. Fu molto gentile e cordiale. Ci affrontò con un largo sorriso e ci fece distribuire delle mele, poi invitò tutti a distenderci lungo i muri delle case, al riparo dal vento gelido della notte che incombeva. C'era un prete che distribuiva armi. Parlò con il Teruzzi, che ci spiegò, come di consueto, che si doveva oltrepassare a due a due, la statale sotto la sorveglianza delle staffette. Aggiunse pienamente di non tentare colpi idioti, perché c'era in atto uno spiegamento nutrito di soldati della RSI e di soldati tedeschi a difesa di una colonna autocarrata di vettovaglie dirette al fronte. Inoltre aggiunse di stare tranquilli, perché il capo banda di Rignano era il fratello della donna capo di Pieve. Il fratello era un commissario politico. Attraversammo tutti e diciannove la Statale ed arrivammo a notte fonda alle prime case di Rignano. Passammo le case del paese spintonati violentemente coi calci di fucili, di mitra e di pedate. Alla fine del paese c'era un enorme fienile, completamente vuoto. Fummo spinti dentro come un bestiame. La prima parola che echeggiò fu: "Fuciliamoli!". Chi aveva parlato era un figlio di brava donna, abbastanza giovane e molto minaccioso. Teruzzi si fece avanti deciso, ed anche se respinto indietro dal calcio di un moschetto, parlò della causa dei patrioti, degli ideali comunisti, dell'onore partigiano, della garanzia del salvacondotto con una infinità di timbri, di Brigate oneste e seriamente impegnate per la libertà del popolo, e che noi in definitiva eravamo popolo traviato dall'entusiasmo. Il problema è che quel giovane comandante se ne sbatteva i coglioni dei timbri, del salvacondotto, degli ideali, e del popolo di Teruzzi, ma arrivò il commissario politico con tanto di barba e di fazzoletto rosso, e la discussione venne troncata all'istante. I due andarono fuori e dopo un agitato conciliabolo tutto tacque. Avremmo proseguito il viaggio verso Bottignana, passando da Mommio e Vendito per arrivare ai Passi. Una volta lassù sarebbe stata decisa la nostra sorte. Era palese che eravamo considerati dei preziosi ostaggi. Ci divisero in diversi gruppetti e passammo la notte tra le mura calde degli essicatoi. Eravamo relativamente tranquilli, perché non era giunta ancora la nostra ora, e rimaneva sempre la segreta speranza di fuggire. La mattina del 20 novembre lasciammo Rignano, liberi e senza alcuna staffetta al seguito. Evidentemente consideravano che non potevamo sfuggire al loro controllo. Dovevamo scavalcare la statale del Cerreto. Stavamo salendo, alberi e roveti diventavano sempre più radi, lasciando posto amassi di roccia e a sterpaglia bruciata dal gelo e dalla neve. Saltata la statale si doveva arrivare a Bottignana. La nebbia ci investiva a fitte folate rapide, per poi scomparire sempre più in alto, o scivolare come una piovra a valle. Era passata sicuramente qualche ora, e certamente eravamo sopra i mille metri. Finalmente giunti su un pianoro erboso, pezzato qua e la da spuntoni di roccia, si intravide il nastro d'asfalto della statale. Ci buttammo a terra e incominciammo a discutere sul da farsi. Era il caso di proseguire, o era il momento di sfuggire ai partigiani? A trecento metri avevamo localizzato, nascosto tra un ciuffo di alberi, la casa rossa dell'ANAS. Sicuramente era presidiata dalle SS a difesa del Passo del Cerreto. Quali possibilità potevamo avere, avvicinandoci a quella casa? Eravamo conciati male, l'unico filo di speranza era quello che ci avessero ascoltato. Chi conosceva il tedesco? Nessuno. In quale stato di tensione erano i tedeschi in quella casa? Quale accoglienza ci avrebbero riservato da quelle imposte sbarrate? Un gruppo di uomini che improvvisamente scendono su una carreggiata, tra folate di nebbia, comparendo davanti ad un piccolo presidio di uomini pronti a non farsi sorprendere, quali possibilità aveva di non farsi ammazzare? Si decise di proseguire. Approfittando delle folate di nebbia, a uno a uno ci buttammo al di sotto della statale in una valletta. Ci raggruppammo sotto un ammasso di rovi. A valle incominciavano i castani, e intravedemmo delle casupole, o per lo meno dei muri di casa. Prima di proseguire ci guardammo in faccia, stupiti e anche spaventati. Mancava Osvaldo, l'Osvaldo Giambra. Aspettammo una mezz'ora. Forse era molto meno, ma il tempo, in mezzo a quel gelo e a quella solitudine sembrava eterno. Giambra non c'era più. Aveva tentato la fuga da solo. Decisione guidata dall'audacia e dall'incoscienza, quella dell'Osvaldo. Si riprese la marcia, quasi strisciando lungo un sentiero. Così arrivammo a delle mura di pietre annerite, e a terra piastre di lavagna sbrecciata e cocci di tegole. Era Mommio, o per lo meno ciò che rimaneva del paese di Mommio. Un pastore isolato, con una decina di pecore in un angolo di un casone, si stava scaldando a un piccolo fuoco. Ci guardò e non si stupii affatto di vederci conciati a quel modo. Ne aveva sicuramente viste di peggio. Ci sussurrò con aria ebete: "I mongoli", e distese le braccia che sembravano ali verso quello che era rimasto del villaggio. Continuammo la marcia e passammo da un altro paese, anche lì tre o quattro montanari spersi tra le case. Il paese si chiamava Venditi. Segni di distruzione ovunque. La luce del giorno andava scomparendo, si stava risalendo e finalmente, era ormai notte, si arrivò alle prime case di Bottignana. Con due ragazzotti al suo fianco, armati di tutto punto, c'era il comandante: un prete. Entrammo in una specie di stanzone simile a un refettorio, per terra c'era uno strato di paglia. Ci sdraiammo morti di fatica e infreddoliti. Ci passarono delle castagne e del pane. Sprangarono la porta. Mangiammo e fu notte. Era la mattina del 21 novembre. Tipica giornata invernale di montagna; in basso chiazze di boschetti di castagne e querce, verso l'alto radure di erba secca chiazzata da strati di ghiaccio e schegge di roccia. Panorama triste e silenzioso, velato dalla nebbia gelida. Ci riappare il prete coi suoi scagnozzi, e ci indica il percorso per salire ai Passi. La sua voce è monotona ma molto decisa e ferma: "Salite lungo quel costone roccioso, lo vedete? Salite sempre fino alla cima. Lassù vi aspettano. Siete sotto controllo. Buona camminata e buona fortuna". Dovevano avere un buon sistema di comunicazioni. Si incominciò a salire faticosamente e via via che proseguivamo, aumentava il gelo, accompagnato da raffiche di vento violento, sferzante. Nonostante la situazione non eravamo disperati, in noi nasceva ferma la ferocia di sopravvivere a qualsiasi costo. Eravamo sul crinale che ci aveva indicato il prete. Si sprofondava sino ai polpacci nella neve, o per lo meno nelle chiazze di neve che eravamo obbligati ad attraversare, perché scartandole si poteva finire a valle. Credo si fosse già nel pomeriggio. Mano a mano che si saliva, la nebbia si sbrecciava, strappata via dal vento. Si intravide così il tuorlo d'uovo pallido di un sole lontano, che lambiva tinteggiando le rocce dei crinali, la poca erba secca e qualche ciuffo di roveti rinsecchito. Ora distinguevamo la dorsale, la cima. Ma notammo che su un crinale a fianco del nostro, saliva molto rapidamente della gente, e alla testa della fila, una figura a cavallo. Dovevamo scollinare prima di loro. Chi erano? *Monterosa*, reparti speciali tedeschi e della Repubblica Sociale? Chi poteva essere, che saliva così velocemente? Se era la *Monterosa* o i tedeschi, non si poteva certo dire loro che eravamo ai Passi apposta per incontrarli, e per rientrare ai reparti della *San Marco*. Tentare di convincerli che noi, prigionieri dei partigiani, stavamo marciando da quattro giorni per le montagne senza scorta alcuna, col proposito di trovare uomini della Repubblica di Salò, significava prenderli per deficienti. Chissà dove si trovava Castelnuovo di Garfagnana! E poi a Castelnuovo c'erano i nostri o gli americani? Dove erano, a proposito, gli americani? Ci passammo parola mentre si camminava ed automaticamente allungammo il passo. Comunque sia stata la velocità arrivammo ai Passi, il punto era costituito da uno stretto spiazzo circondato, più che circondato stretto da grossi scogli. Ci trovammo circondati non soltanto dalle rocce ma da una decina di partigiani molto bene armati. A cavalcioni non di un cavallo ma di un asino, era una donna, basco con stella rossa in testa, bandoliera a tracolla, pistola al fianco mitra spianato contro di noi. Era sicuramente una apparizione della madonna comunista! Stava bestemmiando a voce alta non si sa esattamente se contro i suoi" o contro di noi. Il dialetto doveva essere emiliano o romagnolo?! Finendo il suo rosario di bestemmie ci apostrofò duramente, volle sapere da dove venivamo, come avevamo fatto a percorrere tutta quella strada conciati a quel modo. Fu Teruzzi che andò da lei mostrò i suoi documenti di ufficiale partigiano e il pass con tutta quella caterva di timbri. Restituì i documenti appartenenti al Teruzzi, prese con sè il pass. Dopo un parlottare con i suoi uomini, tra l'altro per noi incomprensibile dato il dialetto e la velocità, ci fece strada nella discesa. Il vento era impossibile noi e loro a volte si sbandava. Si arrivò sotto dei muri, sembravano mura che circondavano un castello, non potrei dire. Forse era un casone ai limiti della proprietà del castello. Comunque per quanto non li vedessimo cerano dei laghi. Così almeno si sentiva dire dai partigiani lì attorno. I laghi di Lagastrello! Ci passò in rivista un commissario, diciamo che più di "rivista" era uno sguardo amaro e stupito. Non capivamo bene perché c'era un Commissario e perché un comandante. Tra l'altro, questo l'avevamo constatato comandava più il Commissario che un comandante. Mah! Volle risapere come eravamo giunti fino a loro. Il Te-ruzzi ripeté la storia. Ci stupirono! Vedendoci con scarpe quasi senza suole, vestiti di farsetti a maglia o di stracci a mò di mantello, senza calze, senza quasi più mutande, con pantaloni legati con ferro e spago si intenerirono. Noi non volevamo tenerezza, e infatti ci distribuirono del pane bianco buonissimo e una scheggia enorme di parmigiano. Arrivammo a un grosso Comando partigiano situato nel paese di Rigoso. Si accese così la solita discussione tra il buono e il cattivo, cioè tra il Commissario e il Comandante che voleva fucilarci. Ritornò in ballo il Teruzzi, ricomparve il salvacondotto che poi disparve nuovamente. Ci fecero entrare in una stanza abbastanza accogliente e chiusero con due mandate la porta. Si sentiva che al di là del muro scoppiettava la legna in una stufa, infatti l'aria era tiepida. Seduti a terra c'erano due ragazzi della Guardia Nazionale o della Brigata Nera, e un giovane tedesco della *Wehrmacht*. Sedemmo a terra in attesa. Uno dei giovani ci disse che la sorte di noi tutti era segnata. Saremmo stati fucilati in rappresaglia a quanto si stava svolgendo nella vallata. Reparti della Repubblica Sociale e tedeschi della *Wehrmacht* e delle *SS* stavano operando su diverse linee un rastrellamento gigantesco. Non avevano torto i due, dalla finestra che confinava con la strada si poteva intravedere giù abbastanza lontano verso la valle, fumo ed incendi. La luce del giorno stava spegnendosi. Ad un tratto sulla strada comparve un vecchio camion. Era carico di uomini e casse. Si fermò notammo che facevano scendere dei feriti che ammucchiarono a terra su barelle. Sentimmo il suono di un campanello. Era sicuramente un telefono. Telefoni a manovella. Voci di comando, un vago parlottare. Ci si scrutava, ci interrogavamo, ci si incrociava con gli sguardi. Cosa ci aspettava? Avevano forse ragione quelli della Brigata Nera? Era ormai caduta la notte. La porta si aprì, apparve il Comandante coperto da un passamontagna, aveva una grossa lanterna a petrolio in mano, e dietro di lui, un altro partigiano con una pila. Ci gridò: "Repubblichini fottuti, per colpa vostra dobbiamo risalire ai Passi. Aiuterete a portare i nostri compagni feriti e le vettovaglie che ci servono. Fuori!". Uscimmo e fummo quasi falciati da una bufera di neve. Una massa di ombre, che si intersecavano tra di loro al bagliore di lanterne, lanterna che allungavano una sinistra luce lungo tutta la strada, strada in pendio. Noi portavamo quattro barelle con dei feriti abbastanza gravi. Teruzzi e Sala sorreggevano un partigiano che pare avesse un piede in cancrena, altri due sorreggevano un uomo tubercoloso che respirava a fatica. Forse è meglio dire rantolava. Io portavo in spalla una mitragliatrice francese *St. Etienne*. Si seguiva il bagliore delle lanterne. Si sentiva ora l'impeto rabbioso di acque alle nostra sinistra. La strada non finiva mai, al buio incocciai il Te-ruzzi, che mi disse: "Quei bastardi di inglesi avevano fatto un lancio di rifornimenti e di armi ai partigiani, su un pianoro appena sotto il paese. Quando si sono accorti che non erano badogliani, ma uomini dai fazzoletti rossi, i due apparecchi sono ridiscesi e li hanno mitragliati, ecco perché ci sono quei feriti. Bastardi!". "E quello lì che portate?", dissi io. "Ha una vecchia ferita ad un piede che non si chiude mai. Pare che abbia il piede tutto nero e pieno di marcia". Salivamo penosamente. La tempesta di neve non accennava a diminuire. Ad un tratto scorgemmo d'improvviso che nell'oscurità si alzava verso il cielo, meglio verso l'alto, una colonna di favilli, fuoco di lapilli come se fosse un vulcano. Capimmo che era un grosso camino. Eravamo arrivati al Castello. Ci aprirono la porta. Un enorme sala ci apparve e sullo sfondo un largo camino. Sembrava una voragine per le fiamme, forse perché le fiamme venivano succhiate dal vento verso l'alto. Si adagiarono i feriti accanto a questo grande focolare. C'era un tubercoloso, dicevano che era una scheggia che gli era penetrata nel polmone, e la ferita trascurata gli aveva procurato la tubercolosi. Riusciva a camminare ancora. Poi c'erano quattro feriti, il ferito al piede, si accasciò vicino al fuoco e si tolse le bende, bagnate e sporche di fango. Lo guardai a parte la faccia cadaverica, il piede era nero pieno di lacerazioni e di pus. C'era uno che faceva l'infermiere, un uomo ben squadrato, aveva la testa fasciata da una benda sporca di sangue. Aveva una pistola al fianco, a tamburo. Guardavo con preoccupazione le barelle. C'era un vecchio con tutto e due le braccia al collo. Al riflesso di lanterne e del fuoco enorme del camino, tutta questa gente che si muoveva, proiettava sui muri immensamente alti qualcosa di allucinante. Sembravano ombre infernali. Ma nella realtà eravamo carne umana. Ci avvicinammo a un uomo abbastanza imponente che trafficava attorno a delle pentole e piatti il tutto disposto su un lungo tavolato. Stava guardando dentro una pentola enorme. Ci scrutò e poi ci disse piano: "Ragazzi, non c'è rimasto quasi niente da mangiare. Se volete c'è del pane, in fondo c'è del sugo, potete ripulire la pentola". Ci guardò con occhi stanchi e continuò: "Ragazzi, se potete andatevene, non ho mai visto tanta ferocia". Aveva parlato con un simile al veneto. Gli chiesi di dove era, e disse di essere un prigioniero slavo scappato dai campi di concentramento. Questo strano personaggio ci riportò alla dura realtà della sopravvivenza. La bufera non cessava la propria violenza. Riuscimmo a capire l'ordine del comandante di ritirare le sentinelle. Chiamai Teruzzi e gli comunicai il consiglio dello jugoslavo. Partimmo così immediatamente in mezzo a quella bolgia, alla ricerca del commissario politico. Aveva solo qualche anno più di noi, dal linguaggio, o era laureato

o era poco distante dall'esserlo. Gli chiedemmo quale sorte ci era riservata, ci rispose che a secondo degli avvenimenti in corso il comando avrebbe predisposto. Risposta molto

elusiva. Poco soddisfatti rientrammo nel nostro gruppo. Sala, Secol, Miotti, Maggi, Pasqua, Passoni, Ghislini e gli altri ci erano intorno. Gli eventi precipitarono improvvisamente. Si aprirono le porte, e tra violente folate di nevischio, entrarono un centinaio di persone, armate di tutto punto. Al seguito c'erano donne, vecchi e bambini. Vociando e bestemmiando si dispersero nelle varie stanze del maniero. Si venne a sapere, tra l'incredulità generale, che tedeschi e fascisti stavano avanzando nonostante il nevischio e la perdurante tregenda, ed erano arrivati nei paraggi di Trefiumi. La notizia creò il panico. Si sa che il panico è rabbia, pazzia. Ci stringemmo attorno al commissario che sembrava il più calmo e il più umano. La nostra situazione da drammatica si era fatta disperata. L'istinto di sopravvivenza mi fornì una soluzione altrettanto disperata. Mi rivolsi al Commissario e gli dissi, cercando di apparire deciso: "Voi andatevene. Dateci l'armamento necessario noi resistiamo ad oltranza". Ci guardò attonito, e dopo un lungo momento mi rispose: "Stai prendendomi per il culo". Al che gli risposi: "Commissario, mi sai dire che facciamo quando ve ne andate, che facciamo senza armi? Andiamo incontro a tedeschi e fascisti dicendo che noi siamo qui perché siamo prigionieri? Conciati in questa maniera, senza un pezzo di documento o un fregio, li aspettiamo e gli offriamo l'ospitalità del castello? Commissario, cerchiamo di rimanere nella realtà. Ecco, ci potete ammazzare; questo, è vero ma a che serve? Dopo tanti chilometri percorsi in montagna, avremmo potuto trovare lo spazio per fuggire e costituirci. Non è vero forse? Che facciamo, ci costituiamo ora in piena azione di guerra con fascisti e tedeschi che incendiano e ammazzano tutti? Ci riconoscerebbero? Ne dubito! Non crederebbero a una storiella del genere, ammesso che ci lasciassero il tempo per spiegarci. Quindi dateci le armi, voi sganciatevi, andate dove volete, persi per persi noi rimaniamo qui". Ci guardò lungamente poi andò verso il Comandante della Brigata, che stava impartendo ordini. Parlarono tra di loro e ritornò. Non penso che credette alla nostra eroica idea, ma ci disse: "Ci si sgancia, voi ci aiuterete a portare i feriti e tutto quello che si può portare. Presto, si parte!". Si aprirono le porte, si lasciò il fuoco acceso e ci buttammo a capofitto nella furia della tormenta notturna. Dopo un poco di tempo sentimmo delle raffiche, molto lontane. Si pensò che fossero le forze della Repubblica Sociale non lontano, invece erano stati passati per le armi i due della *RSI* ed il giovane tedesco. Non sapevo assolutamente che ora fosse, ma doveva essere oltre la mezzanotte. La luna era a ponente. Avevamo l'impressione di girare in tondo. La tormenta di neve era svanita e il vento passava sopra le nostre teste, alto, eravamo sotto il passo, e il valico ci difendeva dal freddo atroce. Constatammo che quasi quattrocento uomini, armati di tutto punto con mortai, mitragliatrici pesanti *Breda* e *St. Etienne*, ben riforniti, si erano sbandati al punto tale d'essere in preda al panico. Nonostante i collegamenti telefonici e radio, l'appoggio della aviazione Alleata e delle popolazioni circostanti, di fronte a un nucleo di forze tedesche e della Repubblica Sociale, che avanzavano su un terreno ostile, i partigiani si ritiravano in disordine. Il loro panico giocava a nostro favore. I feriti per colpa degli inglesi, il discorsetto al Commissario, i feriti da trasportare, il fuggi fuggi della quasi totalità dei partigiani armati, ci stava favorendo. Forse era prossima la liberazione. Comunque sia, dopo parecchie ore impiegate a scendere e salire arrivò l'alba del 22 novembre 1944. Scendevamo lungo un canalone
ghiacciato, sotto scorreva acqua. Ci fermammo tutti quanti. Noi diciotto, quattro feriti malandati in barella, uno con un piede in cancrena, un vecchio con tutte due le braccia rotte, quello che rantolava e l'infermiere che era fasciato alla testa. Di tutti questi

partigiani, gli unici che erano armati erano l'infermiere, che sembrava un bonaccione, con una pistola a tamburo, e l'uomo che zoppicava, armato di uno *Sten*. Sembrava guardasse con aria minacciosa, ma credo piuttosto che fossero smorfie di dolore. Lungo il costone sopra di noi ci fiancheggiavano i fuggiaschi, celati dai rovi e dagli alberi di acacia. Si riprese a scendere. Teruzzi, Sala e io ci avvicinammo all'infermiere per avere informazioni. Questi ci disse che scendendo, a poche ore c'era un paese chiamato Tavernelle, più oltre c'era Varano, Licciano, poi veniva Piano, e dopo Pallarone si arrivava in Aulla. Arrivò l'ordine dell'alt da parte dell'infermiere. I feriti in barella stavano male. Poveracci. Bisognava farli riposare un poco. Sballottati dal percorso accidentato, dovevano essere sfiniti. Ci radunammo di nuovo noi della *San Marco*. Tutti seppero che a parecchie ore di marcia c'era Aulla. Ad Aulla vi era un distaccamento di salmerie della *San Marco* e il Comando Piazza della *Monterosa*. Ci guardammo tutti, i nostri occhi parlavano. In certi momenti l'uomo ha l'intelligenza istintiva della belva. La nostra intesa segreta era che stava arrivando il momento di scappare. Si riprese la marcia in discesa. Un'ora faticosa di cammino, e a quel punto ci giunse da lontano il perentorio alt. L'ordine arrivava dall'alto. Fu un alt urlato, con un fondo di spavento. Vedemmo degli uomini armati. Ci si fermò. Da lassù scese una staffetta, che disse qualcosa all'orecchio dell'infermiere. La staffetta risalì, e come per incanto, gli uomini che si intravedevano sopra la collina scomparvero. Dapprima fu un sussurro, poi divenne un mormorio soffocato dal terrore. Sul ponte che intravedevamo appena davanti a noi, e che attraversava il torrente, pare fosse passato un tedesco a cavallo. Si guardò in alto, tutta la banda partigiana era scomparsa. Eravamo rimasti noi e i feriti. Noi in diciasette più il Teruzzi, disarmati ma decisi, e loro erano in due; l'infermiere con la pistola a tamburo, che aveva tutta l'aria preoccupata, e l'altro col piede in cancrena. Aveva occhi acquosi, doveva essere la sofferenza atroce. Ci radunammo attorno ai due. Erano angosciati, gli altri sopra le barelle bestemmiavano, avevano capito che erano stati abbandonati. Avevamo capito che il numeroso distaccamento partigiano era fuggito, di fronte ad un probabile tedesco, e quel probabile tedesco poteva

essere l'avanguardia di una colonna in azione di rastrellamento. Bestemmiavano, e insultavano i loro compagni per la loro vigliaccheria. Parlò per primo l'infermiere, dicendoci: "Se sono tedeschi ci ammazzano tutti, noi perché siamo partigiani, voi perché siete aggregati a noi. Aiutateci a sistemare i feriti nella boscaglia e andatevene, siete liberi". Gli uomini in barella ci guardavano da sotto in su, erano sguardi disperati, in definitiva erano dei poveri cristi. Il fiume della guerra aveva travolto tutto e tutti. Noi, il popolo, non potevamo quasi più distinguere cos'era giusto o ingiusto. Da che parte stava la lealtà e l'umanità, la pietà religiosa? Portammo i feriti nel bosco, coprimmo le barelle con tralci di rovo, con rami, con foglie marce di castagno, nessuno avrebbe potuto immaginare che la sotto ci fossero delle barelle. Augurammo buona fortuna e incominciammo a scendere a precipizio. Il primo paese che avremmo incontrato era Tavernelle. Vi entrammo decisi come se fossimo dei veri partigiani disarmati e in fuga, fuggiti da avvenimenti più grandi di noi. Parecchie persone, che ci erano venute incontro ci interrogarono impaurite. Come mai così conciati, senza armi? Si doveva stare al gioco. Si rispose che lassù ai Passi eravamo stati sorpresi da forze tedesche e fasciste enormi. Che avevamo dovuto fuggire all'improvviso, una parte di noi erano scesi e si erano dispersi nelle vallate verso Bottignana, e noi eravamo scesi da questa parte. Anzi, sarebbe stato necessario che alcuni meno stanchi di noi, raggiungessero i feriti nascosti nella

boscaglia, vicino al ponte di pietra, feriti che avevano bisogno immediato di aiuto. La gente era spaventata, ma ci dettero da mangiare, diciamo che era la prima volta che mangiavamo un piatto di minestra che aveva un buon odore e sapore di fumo. Arrivò un partigiano, capimmo subito che era un fiancheggiatore, incaricato dei collegamenti. Non era un vero combattente, e ci parve solo un pavido. Volle sapere quali erano le nostre intenzioni. Rispondemmo che si voleva scendere al paese prossimo, per prendere le distanze dal pericolo. Ci riferì che il paese più a valle era Licciano, e aggiunse che il paesotto dopo cioè Pellarone era ancora in mano partigiana. Aggiunse però che oltre c'erano le Fabbriche di Aulla dove erano di presidio i tedeschi. Tronfio del suo sapere, l'imbecille ci aveva illuminato, dicendoci tutto quello che volevamo sapere e che ci saremmo decisi a chiedere. Era insistente, voleva sapere cosa avevamo deciso, ma entrò nel discorso il Teruzzi, che col suo tesserino di ufficiale partigiano, scosse il cretino. Teruzzi rispose che noi tutti avremmo tentato di collegarci con la banda garibaldina che presidiava le montagne attorno al passo del
la Cisa. Il partigiano, soddisfatto della risposta ed impettito, salutò il Comandante delle batterie pesanti della Divisione Lunigiana, e se ne andò come il primo ed importante uomo di un paese troglodita. Arrivammo a Pallarone, passando prima da due borgate. Diciamo che la nostra discesa fu metodica, doveva apparire come uno sganciamento cauto e sospettoso. La decisione era unanime. Una volta raggiunta Pallarone si doveva far capire alla gente e a chi eventualmente ci spiava, che ad un tratto avremmo piegato a destra, cioè verso l'Appennino emiliano. Praticamente dalla una del mattino non ci si era ancora fermati, e dovevamo essere circa le due del pomeriggio. Alcuni si fecero incontro per avere notizie, noi ripetevamo come un disco che a monte – ai Passi – era successo il finimondo. Incendi e morti. Partì per prima la coppia Teruzzi – Maggi. Dovevamo andar via a coppie per non destare sospetti. La coppia doveva raggiungere Fabbrica e avvertire i tedeschi che una squadra della *San Marco* sfuggita ai partigiani tentava di raggiungere Aulla, e avvertire il posto di blocco e il comando della *San Marco*. La popolazione, o almeno quelli che ci seguivano lentamente, sembrava molto sospettosa. Comunque si lasciò il paese a coppie; uno che doveva essere sicuramente un informatore della partigianeria, ci chiese perché andavamo a coppie, e noi si rispose che, se una colonna tedesca o fascista fosse salita verso il paese, sarebbe stato più facile nasconderci. Partimmo tutti, distanziati di parecchie centinaia di metri. Non era passata neanche una mezz'ora di marcia, che un partigiano con lo *Sten* spianato ci sbarrò la strada, apostrofandoci in maniera brutale: "Avete oltrepassato la mulattiera che sale alla montagna, più avanti c'è Fabbriche. Andate dai tedeschi a denunciarci, eh!". Mi dissi che il tipo ci aveva azzeccato! Rispose Sala, prontissimo e con strafottenza, intercalando il discorso con qualche parola di brianzolo. "Prova a sparare, che poi vedi al Comando, stronzo. Se vieni dalle mie parti vai diretto tra i coglioni dei tedeschi, con la testa che ci hai; noi non siamo del posto, posto da cani, qui le montagne le conosci tu, non io!". Il "patriota" rimase sciocato, la decisione e la strafottenza alle volte è molto più efficace di un frasario brillante. Così ci accompagnò alla mulattiera, e ci disse che una volta arrivati in cima, dovevamo prendere la diramazione a destra. Ci guardò salire, evidentemente non aveva visto passare le altre coppie. Ci sedemmo, nascosti tra i roveti, ed aspettammo forse un'altra mezz'ora. Ad un tratto sentimmo dei passi cadenzati: ci alzammo e, sotto, sulla careggiata terrosa, finalmente vedemmo arrivare a passo "allegro" una pattuglia dei nostri,

armati di semiautomatici e con uno che imbracciava una *Machinengewehr*. Tirammo un sospiro di sollievo, scendemmo e salutammo. Scendemmo con loro con la sigaretta in bocca, aspirando il fumo come se fosse chissà cosa. Passammo a Fabbriche davanti al blocco dei tedeschi, che ci sorrisero. Ci sorridevano forse per l'abbigliamento straccione, per i "cosidetti" che erano esposti alle intemperie e per le strane facce che dovevamo avere. Si arrivò ad Aulla, e sulla piazzetta, il primo Marò che vedemmo era l'Osvaldo. Sembrava un'eroe greco, con quella capigliatura "in piazza", la fronte alta e la barba che lo incorniciava. Una fiammeggiante divisa lo rivestiva. Ci squadrò con sufficienza, certo era riuscito a defilarsi dai partigiani prima di noi, e bisogna dire che fu più coraggio che incoscienza. Comunque sia, ci accompagnò in una stanza delle scuole adibite a caserma. Ci rifocillammo con buon pane e viveri a secco, naturalmente non mancavano le salamelle tedesche. Arrivò il Tenente Petrucci che volle sapere la nostra storia, e uno di noi, Miotti, rispolverò l'avventura partigiana laconicamente, da buon veneziano. Arrivò anche un tenente della *Monterosa*, e anche a lui si ripeté la stessa storia. Il fatto comunque certo era che tutt'intorno c'erano partigiani. Ora, che ce ne fossero parecchi di oltremodo paurosi, non voleva dire che non ve ne fossero di audaci, per cui a Petrucci sottolineammo la pericolosità della nostra posizione, costatando inoltre che l'armamento delle salmerie della *San Marco*, composto solo di fucili e qualche rivoltella più una *Machinengewehr* lasciava molto a desiderare, per non parlare dei pochi della *Monterosa*. Inoltre, il Comando partigiano aveva le nostre generalità. C'era di che farsi fucilare all'istante. Petrucci tergiversava, dicendo che aspettava ordini, in conseguenza della nostra posizione giudiziaria. Così Teruzzi, Sala, Secol, Maggi e io decidemmo di ricorrere di comune accordo dal Tenente Natale, che oltre ad essere avvocato era da noi reputato un Ufficiale posato, sereno di fronte a qualsiasi situazione, e di grande onestà. Natale era al Comando di Chiavari, all'ufficio amministrativo della *San Marco*. Decidemmo di partire alla volta di Chiavari. Era la mattina del 23 novembre. Infilatici sotto i tendoni di un camion carico di cassette vuote ce ne andammo, sapendo che la denuncia di Petrucci come disertori sarebbe arrivata prima di noi a Chiavari. Ma noi dovevamo denunciare la situazione che esisteva in Garfagnana a Ufficiali veramente competenti. Si doveva far capire la gravità della situazione che era dietro le nostre retrovie. Ad Aulla si girava allegramente e sconsideratamente, gli uomini se ne andavano a prostitute. Una marea di prostitute affamate di pane e minestra, e al di là di uno sbarramento simbolico, esisteva una rete fittissima e bene organizzata di informatori. Numerosi partigiani, raccolti in brigate e bande, spadroneggiavano nei paesi vicini e per tutto l'arco della Garfagnana e dell'Emilia. Era pazzesco avere delle retrovie composte da Brigate e Divisioni partigiane che ci sparavano alle spalle. L'ufficiale partigiano Teruzzi era la conferma della gravità della situazione. Mi ricordo che quando eravamo ai Passi, uno dei partigiani disse al Capo se avevano avvertito a Parma della situazione. Quindi i collegamenti dovevano essere ben fitti ed efficienti. Noi si girava senza armi in Aulla, e intorno una marea di gente ostile e una popolazione stanca della guerra aiutava i ribelli. Aulla era una cittadina ormai quasi distrutta dai bombardamenti. Era il *trait-d'union* tra la Spezia e Parma attraverso il Passo della Cisa, ma c'era anche una deviazione che col Passo del Cerreto congiungeva La Spezia a Reggio Emilia. Aulla era pure lo smistamento di approvvigionamenti che da La Spezia andavano a Castelnuovo di Garfagnana. Aulla aveva una ferrovia ad un binario, che da depositi nascosti portava viveri e munizioni. Si giunse senza troppi intralci a La Spezia. C'è da aggiungere che non avevamo alcun documento che convalidasse la nostra

appartenenza alla Repubblica Sociale, a parte il basco con un'ancora su sfondo blu. Dopo tutto quello che avevamo passato, non è che ci spaventasse il fatto di essere eventualmente presi da una pattuglia della X MAS o delle Brigate Nere, comunque sia, possiamo aggiungere un altro piccolo particolare, a Migliarina salendo su un tram affollatissimo, fummo abbordati da un distinto signore, questi ci fece notare con grande discrezione, che non avevamo appuntato nessun contrassegno sulla divisa grigioverde. E ci disse chiaro che se volevamo raggiungere casa, bisognava almeno provvedere a dare una certa credibilità. Dopo poco si era a La Spezia, dove lo seguimmo in un negozio di indumenti militari. In vetrina facevano sfoggio, mostrine, fregi, nastrini, distintivi di ogni genere. Quando uscimmo avevamo appuntato mostrine rosse coi leoni. Non erano per nulla regolamentari, in primo luogo non avevano la scritta *Iterum rudit leo*. Comunque poco importava: nel bailamme di divise, per fermarci bisognava che i membri della pattuglia fossero degli osservatori molto acuti. Lo stesso signore, con grande cortesia, ci accompagnò alla stazione, ci fece eludere picchetti, pattuglie e ronde e ci aiutò a salire sul treno diretto al nord. Lo ringraziammo calorosamente, ci aveva reso un grosso servizio. Si raggiunse Chiavari nel pomeriggio assolato. Un bel sole tiepi
do. Sulla passeggiata, uomini in divisa e di borghesi si godevano i tepidi raggi di un sole invernale. Fermammo una ronda della Brigata Nera e chiedemmo dove era l'amministrazione della *San Marco*. Ci indicarono la palazzina, non era distante, eravamo a casa nostra. Ecco Natale! Fummo felici di rincontrarci, data la stima reciproca. Ci si era persi di vista dopo Andora. Natale non trovava giusto che Messina, Burrone e Talamo fossero stati promossi coi grado di Capitano. Non aveva torto, erano uomini che non avevano esperienza di Compagnie pesanti. Natale aveva fatto più di due anni di Jugoslavia e Grecia coi mortai. Chiese così il trasferimento e l'ottenne. Volle sapere come eravamo riusciti a sfuggire all'attacco americano. Volle sapere dell'infiltrazione a Croce di Sotto, volle sapere cosa era successo a Cornola col Capitano Burrone, si informò dell'esperienza avuta da noi coi partigiani. Ci disse che le vecchie posizioni erano state riconquistate, grazie ad un contrattacco di Compagnie di Granatieri tedeschi e ad alcuni reparti della *Monterosa* e della *San Marco*. Tutta la linea del fronte da Cascio a Cornola era stata ristabilita. Comunque, ci disse con un fondo di amarezza, c'era ben poco da sperare! Aggiunse che via radio aveva ricevuto l'ordine di arrestarci in quanto disertori. "L'avete fatta grossa", disse, ma continuò, "Beh! Venite che adesso vi accompagno alla mensa. Vi faccio dare da mangiare". Le Ausiliarie di servizio alla mensa ci accolsero gentilmente ma diciamo con qualche riserva. Eravamo dei lupi affamati. Cominciava a scendere la sera. Dopo mangiato, ci accompagnò alle carceri di Chiavari. Fummo sconcertati. "Siete qui in attesa di accertamenti. Io sono comunque il vostro avvocato difensore", ci disse. Restammo di stucco. Era un Ufficiale tutto d'un pezzo. "Quando ero all'Accademia di Palermo", ci pareva di sentirlo dire, come in primavera quando si era in Germania, "quando ero all'Accademia sotto la pioggia rigida sull'attenti in fila con gli altri, sentivo il comandante che diceva, ragazzi non piove, ripetete con me: non piove. Ripetetelo sino a quando la pioggia non vi darà più fastidio". Finimmo nelle patrie galere, assieme a traditori, renitenti e partigiani. Diciamo che dormimmo ugualmente e bene. Fu una notte veramente tranquilla. La mattina seguente un piccolo drappello della *Monterosa*, ci prelevò e dobbiamo dire con grande rispetto ci accompagnarono in piazza sotto dei portici. Là sotto c'erano gli uffici del Comando di Piazza della *Monterosa*. Nella sala oltre ad un

Colonnello e ad alcuni Ufficiali degli Alpini, c'era anche un Maggiore tedesco e due forse erano Tenenti delle *SS*. Natale si rivolse a me, perché ero quello che parlava meglio e perché, essendo telemetrista, ero pratico di carte topografiche. Piazzato in mezzo agli Ufficiali, incominciai a segnare i punti dove eravamo passati. Denunciammo così l'esistenza della Brigata lunigiana del Maggiore Oldham. Raccontai il ferimento del Tenente Monteverdi da parte di un Guardiamarina della Brigata. Passai ai fatti di Carregine, ai sei *Cacciatori* falciati dagli *Sten* di una banda comunista. All'accoglienza passabile dei cattolici di Roggio, a quella invece dura di Gorfigliano. Continuando a seguire la carta topografica, riassunsi con diligenza e precisione tutte le nostre vicende fino allo sganciamento dai Passi di Lagastrello. Riferii che, in pratica, dietro le nostre linee, le retrovie erano sostituite da Brigate partigiane bene equipaggiate e che la carreggiata di Aulla che andava a Castelnuovo era strettamente sorvegliata dai partigiani, come pure la strada del Cerreto e della Cisa. Dissi del prete che a Pieve di San Lorenzo distribuiva armi e munizioni a dei ragazzi. Tutto il nostro tracciato fu annotato con una accuratezza puntigliosa dal Comando. Vollero sapere di Teruzzi. Gli dissi che senza Teruzzi noi tutti certamente non saremmo stati lì a raccontarla. Il discorso finì con un rigido saluto e un dietro front impeccabile, alla tedesca. Andammo in un altro ufficio e ci consegnarono armi germaniche secondo le regole del nostro Battaglione. *P 38*, *Machinepistole*, e due bombe a manico a testa. Il cinturone con la fibbia *Gott mit Uns*, nuovi documenti, nuove mostrine regolamentari col leone alato *Iterum rudit leo*, il nastrino tricolore, che significava truppe combattenti al fronte d'Italia ed il distintivo d'addestramento in Germania. Il Capitano che ci accompagnava e che dopo averci fatto avere le armi si congedò da noi consegnandoci al Tenente Natale, e ci disse: "Sarete alloggiati in albergo, e mangerete in un ristorante che è stato trasformato in mensa. In bocca alla balena". Salutammo scattando sull'attenti e ce ne andammo per le vie di Chiavari sotto un'altra giornata tepida di sole. "Che pacchia", ci dicemmo. Eravamo alloggiati in due camere che davano sul mare, e mangiavamo in un ristorante con delle belle ragazze, che erano le padrone del locale requisito e che ci servivano cibo abbondante. Fantastico! In un baleno nel locale si era sparsa la voce che eravamo riusciti a sfuggire alla prigionia dei partigiani, e c'era un grande senso di rispetto per le sofferenze da noi subite, esagerate come sempre dalla fantasia popolare. Qualsiasi fosse la ronda, della Guardia Nazionale Repubblicana o della Decima, della *Monterosa* o delle Brigate Nere, ci salutava come se fossimo Generali. "Una pacchia", l'avevo detto, io: "Andiamo da Natale!". Si rimase cinque giorni a
Chiavari. Arrivò purtroppo l'ordine di partenza. Si doveva procedere in treno con un carico di munizioni fino ad Aulla, una volta giunti, scaricare ed attendere per proseguire alla volta di Castelnuovo di Garfagnana. La responsabilità del carico era stata affidata a me, anche se non ero un graduato. I gradi li avevo rifiutati in Germania per paura di prolungare l'addestramento. Io ero l'unico Marò semplicissimo del gruppo. Ma Natale mi conosceva bene, sapeva che ero deciso e leale e non privo di una certa astuzia. Si era giunti alla notte del 29 novembre 1944. Il convoglio era formato da un vagone merci, carico di armi automatiche e semiautomatiche nonché dei mortai da 80 mm. Due uomini si misero sul tender nascosti tra il carbone con una *Machinengewehr*, mentre Teruzzi, Secol e io ci piazzammo sul vagone postale. Sulla porta posteriore avevamo piazzato l'altra *Machinengewehr*, controllavamo così i binari. La *Machinengewehr 42* (la chiamavamo *sega di Hitler*) aveva una celerità di tiro spaventosa, circa 1.200 – 1.400

colpi al minuto, la sua rosa di colpi era molto fitta, era un'arma di grande efficacia, molto affidabile. La locomotiva era una di quelle che si usavano nella stazione di Milano per spostare i vagoni. Si andava lentamente, sia perché la linea era a binario unico, sia perché i bombardamenti avevano sconquassato la massicciata, causandovi delle vere voragini. Giungemmo ad Aulla a tarda notte. L'ordine scritto mi dava il comando incondizionato dell'operazione. Misi Secol, Maggi e Teruzzi al treno, chiamai una pattuglia mista *Monterosa* e *San Marco* che sostava sotto la tettoia della stazioncina, e letto loro l'ordine si misero di guardia. La locomotiva fu staccata e finì su un binario morto. Sala e io andammo nel paese in cerca di rinforzi. Non si può raccontare quello vedemmo quando penetrammo in una camerata improvvisata dentro la palestra della scuola del paese! C'era quasi tutto il Plotone carriaggi della *San Marco* che faceva la guerra tra le lenzuola, avvinghiato a delle donne. Un vero sabba! Chiamai il responsabile, Caporale Maggiore Bertolotto il quale, nella sua camera privata, non stava certamente poetando con la ragazza che era al suo fianco a letto! Richiamai tutta la squadra alla realtà e dissi di informare il Sergente Maggiore Vitale che un carico di armi e munizioni stava aspettando di essere scaricato e che dalla stazione doveva essere portato al deposito. L'orgia terminò a malincuore. Diressi l'operazione sino al suo compimento. Fatto questo, feci informare tramite Vitale il Tenente Natale a Chiavari che l'operazione era terminata. La luna era ancora alta ed il freddo era molto intenso. Per una stretta via, e al di là di un cumulo di macerie, trovammo una

grande casa di un piano, che forse era il prolungamento della scuola. Entrando, in una stanza trovammo dei materassi, ci buttammo sopra e passammo la notte al coperto. Addio confortevoli stanze di albergo, addio sorrisi di donne profumate e truccate. Qui le donne puzzavano di femmina, le strade e le campagne di carogne e noi andavamo ricaricandoci di pidocchi e di polvere da sparo. Aulla aveva un aspetto orribile, anche se ora la si poteva girare con più sicurezza, senza più essere intimiditi come prima dalla nostra posizione disciplinare. Trovammo Osvaldo che rimase alquanto stupito del nostro rapido rientro, dell'armamento che avevamo e dalla nostra spavalderia. Sembravamo i quattro moschettieri! Giambra con gli altri tredici della Squadra mortai erano verso il fronte. Ci eravamo salutati piuttosto freddamente. Il Giambra ostentava una certa alterigia nei nostri confronti, che poteva essere giustificata, dal momento che lui aveva avuto più coraggio di noi, quando si era sganciato al Passo del Cerreto, ma gli altri, gli altri che cosa avevano più di noi? Qualcosa si era rotto tra di noi, qualche filo sottilissimo, invisibile. Peccato! Vivevamo appartati in un locale che ci eravamo scelti, nella scuola elementare mezza diroccata. Ci eravamo attrezzati di brande, materassi e coperte. Avevamo un focolare e una cucina economica, quest'ultima prelevata da una casa demolita dai bombardamenti. Ci eravamo procurati legna e carbone, i viveri ce li passava la "cambusa" del Comando. Si era in attesa che Chiavari ci chiamasse, per far da scorta al carico di munizioni, da trasportare con i camion della *Monterosa*. Era un incarico non troppo facile dato che si doveva andare da Aulla a Castelnuovo di Garfagnana, passando da Piazza al Serchio e Camporgiano. Giambra e gli altri ormai erano già al fronte, sicuramente in prima linea. Sala era un formidabile cuoco, l'aveva già dimostrato in Liguria, in Piemonte e ovunque. Qui, circondati da una relativa tranquillità, si smanicava attorno ai fornelli a legna installati nel camino, e su quelli a carbone della stufa in ghisa. Era un vero stregone della cucina. Da grassi tedeschi che con ogni probabilità erano estratti da minerali, da condimenti colore rosso, che in verità non si sapeva se era ocra miscelata a carote o a

barbabietole, improvvisava dei ragù eccezionali. Anche se la pasta era camolata, anche se le salamelle erano le solite teutoniche, riusciva a preparare dei piatti succulenti. Quattro patate passate allo strutto e messe in padella sotto la cenere calda, un brodo con sedano, cipolla, carote e un pizzico di pepe, e al posto della pasta, del pane tedesco del 1942 abbrustolito e passato all'aglio. Ebbene, che si poteva pretendere di più, che una zuppa così gustosa? For
se era la gran fame, forse era la guerra, per noi era cibo da grande ristorante. Tutt'intorno, bisogna riconoscerlo, checché ne dicesse la propaganda, era la miseria, miseria la più nera. Le strade di Aulla erano sbarrate, si poteva entrare o transitare nel paese soltanto con un permesso. Numerosa gente ferma agli sbarramenti aspettava che i militari passassero un piatto di roba calda. Ogni tanto, dal Comando davano l'ordine di distribuire, e allora da grossi pentoloni buone mestolate di brodo mischiato a spezzatino. Oh Dio! Non è che fosse una leccornia, ma era cibo caldo nutriente, e che la gente di passaggio gradiva più che volentieri. Molte donne, molte ragazze che per un piatto… Da noi si era installata una ragazza, venuta chissà da dove! Ce la eravamo trovata in cucina, seduta sul tavolo. In un primo momento, volevamo farci l'amore – quanto tempo era passato! – ma poi, vedendola già pronta senza mutandine, e che ci chiedeva se dopo le davamo da mangiare, diciamo che ci passò la voglia, e ci fece compassione. Nessuno la toccò. Ci lavava i piatti, i nostri capi di vestiario che in realtà si riducevano a ben pochi pezzi, preparava il fuoco e dava un colpo di mano a Sala. Mangiava insieme a noi, e dormiva in una cameretta che gli avevamo sistemato con tanto di porta e catenaccio, opera del Maggi. Ciascuno di noi, ogni tre giorni gli corrispondeva dieci lire. Era contenta, si chiamava Elisa, una bella ragazza dalla pelle olivastra e dai capelli neri lunghi e scompigliati. Slanciata e scattante, dal sorriso incerto e dallo sguardo profondamente amaro. Lei non ci chiese mai nulla come noi non le chiedemmo mai nulla. La perdemmo di vista quando ce ne andammo. Si era alla prima decade di dicembre, ormai il freddo era calato intenso e minaccioso. Tutte le strade e le mulattiere erano scomparse sotto la neve. Arrivò l'ordine di caricare e partire. Sei camion *Lancia RO* della *Monterosa* a pieno carico. Nessuna scorta, si doveva cercare di far credere agli eventuali partigiani che i camion non portavano niente d'importante. Eravamo in cinque, distribuiti sugli automezzi, più l'autista. Comunque il primo e l'ultimo camion erano forniti della solita *Machinengewehr* a difesa. Bisogna dire che alcuni conducenti delle salmerie, ritornati dal fronte, avevano riferito che ci doveva essere stato un grande ripulisti poiché si poteva tranquillamente andarsene verso il Serchio senza timore di sorta, a piedi e fumando. Si arrivò a Castelnuovo di Garfagnana nel pomeriggio. La *Flak* con alcuni suoi pezzi stava contrastando i mitragliamenti di alcuni aeroplani *USA*, che intravedemmo appena mentre stavano scomparendo dietro le colline. Lasciammo che gli addetti alla polveriere scaricassero, riprendemmo le scartoffie della consegna eseguita e risalimmo lungo le pendici per raggiungere il Comando del II Battaglione a Montealtissimo. In una grande stanza, ci accolse uno stuolo di Ufficiali, con Uccelli in testa. Uomo poderoso, con una schiena che sembrava un armadio, *Machinepistole* a tracolla sul petto. Mi ricorderò sempre quegli istanti. Io credo che ai suoi occhi, in quel momento, dovevamo apparirgli così: traditori, menefreghisti, disertori e quant'altro! Come si potrebbe definire altrimenti della soldataglia sospettata di diserzione, che si ripresenta con comodo, dopo un bel periodo di riposo, facendo scorta armata ad un carico di munizioni? Ci guardò con gli occhi sbarrati, forse per la rabbia, forse per lo stupore, poi scattò con voce tonante: "Cosa fate qui! Mentre i vostri cameratі si stanno facendo

ammazzare, voi fate i turisti per le montagne?! Siete un branco di goldoni e di sagristi! Vi dovrei ammazzare con questa arma io stesso!". Chi osava fiatare? Sull'attenti aspettavamo che la bufera passasse. Mi dicevo: porca miseria, non sono morto fucilato dai partigiani e sono un bel fesso e venire qui a crepare! Tra gli Ufficiali c'erano Talamo, Messina, Del Nero, Set, Arena e altri che non conoscevo. L'Uccelli ci scrutò di nuovo, e poi ci ordinò: "Riposo", e disse: "C'è stato un bel rastrellamento da queste parti, un bel ripulisti. Pare che la provinciale sia perfettamente sgombera, vero?". "Signorsì Comandante", fu la risposta. Uccelli, calmatosi, proseguì: "Bel lavoro ragazzi, bel lavoro avete fatto a Chiavari. Adesso andate a Stazzana – vi indicheranno dov'è – riprendete vostri posti. Laggiù c'è la vostra Squadra mortai che vi aspetta, se Squadra si può chiamare. Avanti, goldoni!". Così si scese verso Stazzana, mentre le ombre della notte stavano calando. Un altro giorno era passato, e si andava verso Natale. Quale Natale ci attendeva?

PARTE TERZA

Eravamo a Stazzana. Una località con un gruppo di case e casoni. La 1ª Squadra mortai, dopo lo scrollone del novembre, stava rimettendosi in piedi. Ci si ritrovò con Bozzi, Arbicò, Giambra, Miotti e con qualcuno che era appartenuto alla 2ª Squadra mortai, mezza decimata. Innanzitutto, bisogna dire che noi cinque ultimi arrivati vivevamo in disparte, esiliati e degradati. Il Bozzi e l'Arbicò erano riusciti, in quella terribile notte del 16 novembre, a riagganciarsi alle Rocche con la Squadra dei fucilieri di Arena. L'Osvaldo, pur percorrendo in mezzo ai partigiani un tratto di strada, aveva trovato il coraggio di defilarsi sul Passo del Cerreto e riunirsi poco dopo alla *San Marco* di Aulla. Il resto della Squadra, una volta ad Aulla, era rientrata al fronte. Quindi noi eravamo stati gli ultimi a rientrare nei ranghi, e questo non deponeva a nostro favore. Peraltro, modestia a parte, Teruzzi della smobilitata 2ª Squadra e Sala della 1ª erano i migliori e più veloci puntatori mortaisti del Reggimento. Ed io mi reputavo il migliore telemetrista e direttore di tiro. A parte una certa predisposizione per cose del genere, mi avevano formato bene i corsi di tiro nel *West Lager*. Durante le manovre di tiro in Germania, la 1ª Squadra mortai ricevette l'elogio dal Comandante in Capo del grande *Lager*, von Alberti. Ci classificammo sempre primi in tutte e tre le prove, colpendo diciotto su venti alla prima, quattordici alla seconda, e diciotto alla terza. Per due mesi e mezzo avevo seguito i corsi nel campo di Auerbach. Conoscevo e ricopiavo le carte topografiche, facevo calcoli comparati alla scala della carta per le distanze, controllavo le distanze col binocolo graduato. Ci sapevo fare. Giambra e Arbicò si erano improvvisati telemetristi, ma non erano molto competenti. Noi, in questa nuova squadra non eravamo molto apprezzati, anzi eravamo tenuti in disparte. Come ultimi arrivati, infatti, il nostro incarico era di fare la guardia ai mortai e di portare munizioni. Si scavavano così piazzole per le bocche dei mortai, che da due erano diventati quattro, e si pulivano i pezzi: piastra, tubo, bipiede, goniometro. Eravamo semplici serventi; un poco avvilente, ma d'altronde si doveva accettare questa nuova realtà. I mortai erano piazzati molto sopra la cascina di Stazzana. All'interno delle piazzole erano disseminate le palette. Le palette erano tondini di ferro a strisce bianche e rosse, una volta piantati nel terreno servivano a dare la direzione del bersaglio. Tale bersaglio poteva essere puntato se si riusciva a vederlo direttamente, oppure, poteva essere stabilito attraverso la carta topografica con la bussola. Di queste palette conficcate ce ne erano parecchie, ad indicare gruppi di case, paesi,
passaggi obbligati, posizioni nemiche. Arrivò comunque il giorno che tutti gli uomini della Squadra ci ridiedero la loro stima ed amicizia. Da Montealtissimo giunse a mezzo radiotelefono l'ordine di sparare immediatamente su Vergemoli e nella vallata di Verni. Una volta aggiustato il tiro, fu ordinato il "fuoco a volontà". Si aprì il fuoco, noi portavamo fuori dalle riservette le cassette in ferro che contenevano ciascuna tre bombe da 80 millimetri e pacchetti di cariche aggiuntive. Non passò un quarto d'ora che dall'altra parte arrivò la voce tonante del Comandante in persona: "Massa di goldoni, state tirando sui nostri che stanno a Case Rio". Non dico che si scoppiasse a ridere, ma poco ci mancò. Il Bozzi, incazzato come non mai, si mise le mani nei pochi capelli che aveva, gettando il basco per terra. Noi ci eravamo fermati a mezza strada, con le granate in mano. Distendendo le carte topografiche per terra, Giambra, Arbicò e lo stesso Bozzi, ginocchioni, cercavano di capirci qualcosa. Ricontrollarono le palette, dirigendo la bussola a dritta e a manca. Ad un tratto, Bozzi ruppe gli indugi: "Teruzzi, Sala, Leonardi,

ai pezzi, e non fatemi andare in bestia!". Bozzi era un irascibile, montava sui muri per un nonnulla. "Ai pezzi noi?", gli si rispose. "Noi siamo i *camalli*, non degli specialisti". Bozzi, fuori di sè, ci puntò il mitra, riprese il microfono della radio che cicalava e urlò: "Aspettate un poco che aggiustiamo il tiro". Poi rivolto a noi: "Avanti, bastardi, o vi ammazzo sul posto!", e mentre io avevo preso in mano carte e bussola, il Sala rispose: "Calmati, Luigi, non ti scoglionare! Calma!". Ricalcolai direzioni e distanze aiutato dal righello e dalla bussola. Erano carte topografiche magnifiche, con ogni probabilità stampate dai tedeschi su indicazione di turisti tedeschi venuti in tempo di pace a mangiare castagnaccio in Garfagnana... C'erano da rifare parecchie direttrici. Incominciai a ripiantare le palette per Vergemoli, poi, su del cartone ritagliato dagli involucri delle cariche aggiuntive e con una matita grassa, scrissi le località e relative distanze, mentre Sala, tramite il goniometro, mi diede l'angolo di tiro. Lo stesso feci con Verni, nella postazione del Teruzzi. Dissi a Bozzi che si era pronti ad aprire il fuoco e di farci dire dal Comando se tutto andava bene. Mentre i due mortai di Sala e quelli del Teruzzi sparavano, continuai con bussola, matita, carta e con le insostituibili paline a segnare le altre località: Trassilico, Molazzana, Gallicano, Calomini, Brucciano. Su ogni paletta, il suo cartoncino col nome del bersaglio. Il cicalino del telefono gracchiò: Vergemoli era stata centrata in pieno, ora si trattava di spostare in più

o in meno la caduta delle bombe. Per ciò che riguardava Verni eravamo un poco corti. Comunque era tutto *Gut*. Dopo circa un'ora arrivò l'ordine di cessare il fuoco. Si rimase tutti un pò di tempo in postazione, poi, notando che non succedeva più niente, si lasciarono due uomini di guardia e si ridiscese a Stazzana. Noi, si era alloggiati in una stanza unica molto grande, riscaldata da un grosso ed ampio camino. Lì si mangiava, e lì per terra, su delle assi, si dormiva. L'ostilità tra di noi Marò era finita, tutto ritornava normale. In questo cascinale, che confinava con un torrentello ghiacciato a metà, vivevamo noi più sette persone, che erano poi i proprietari. Di intesa col Comando, si prelevavano dalla cambusa sette razioni in più per loro. Avevamo più da mangiare noi che loro. Loro avevano della gran polenta di castagne; castagne secche, bollite e ogni tanto con della farina scadente di grano mischiata a patate riuscivano a fare del pane. Gente molto frugale. Sul fronte era la calma, qualche colpo di cannone, qualche lontana raffica di mitragliatrice, l'uno-due di lontani semoventi. Ma calma. Si arrivò così a Natale, per l'esattezza alla vigilia di Natale, il 24 dicembre 1944. Quando qualcuno disse che oltre le colline si vedeva spuntare la cima di un grande albero di Natale tutto illuminato, tutti guardammo fuori attraverso i vetri opachi e sporchi, e tutti all'unisono gridammo Buon Natale. Uno di noi saltò su una sedia e in piedi col bicchiere colmo di buon vino, chiese con voce accorata e grave, che ci si raccogliesse qualche istante ricordando i morti e coloro che sarebbero morti. Era il cristianissimo *Scireseta*, il pacato, il tranquillo Maggi. Si rimase interdetti, ci fu un attimo di stupore, poi scoppiò una roboante risata, grassa, quasi stomachevole e si bevve. Si bevve. L'umanità, la pietà, la carità furono mortificati e rotolarono sotto il tavolo. La pace, così piena d'umanità, si nutre di terribili compromessi e falsità. La pace nasconde le connivenze politiche, gli intrighi di palazzo. L'insidia del potere clientelare, che non ti uccide brutalmente, ma mina lentamente la tua vita. In guerra c'è crudeltà immediata, in pace tutto si trasforma in astuzia, in ponderato crimine e nessuno paga. Ecco quello che penso io della 1ª Squadra mortai, in questa vigilia di Natale. Dietro gli sporchi ed appannati vetri di questa lurida bicocca, fuori c'è un mare di aria blu dove navigano lentamente una processione di stelle. Di tanto in tanto, più in basso, a filo della dorsale, iniziarono a sfrecciare proiettili traccianti, barlumi di luci colorate, scie di polvere luminosa delle armi americane. Uno spettacolo di autentici fuochi di artificio che vanno a cadere quà e là, e la tua spina dorsale è percorsa da un brivido. La guerra e siamo a Natale! "Che scrivi", mi fa Sala, mettendomi una mano sulla spalla, "Le mie prigioni?". "Pensieri", rispondo e *Scireseta*, cioè il Maggi, seraficamente mi apostrofa: "Guarda che le ha già scritte il Pellico". "Ah sì? Non lo sapevo. Beh, ci cambierò il titolo, dopo, a casa". "Se ci si arriva", mi fa lui di rimando. Erano forse le dieci o le undici di notte. Gli anziani erano attorno al grosso camino, ad un certo punto arrivò l'inconfondibile stridio dei cicalino. Grande trambusto. Il Comando ci ordinava di prendere immediatamente posizione ai pezzi. Si salì alle postazioni, e si dette il cambio ai due uomini di guardia, che scesero a riscaldarsi. La tela scura della notte era ora chiazzata da bagliori rossi, giallastri, e da cascate di scintille fosforescenti. Arrivò l'ordine di entrare in azione. Puntare i mortai su Molazzana e Gallicano, e tenersi incollati al radiotelefono. La comunicazione del Comando era che i nostri reparti avevano sferrato una offensiva a sorpresa contro la 92' Divisione americana. Alcuni reparti dalla parte di Cascio erano già in prossimità del Serchio. Venne dato l'alt per Molazzana. Significava che la *San Marco* aveva conquistato il paese. L'ordine era ora di centrare Gallicano con tutti i pezzi. Si era corti: allungammo di due o tre linee, nel nostro gergo significava due o trecento metri. È naturale che, essendo il tiro dei mortai per caduta, noi correggessimo "di più o meno uno" sia a sinistra che a destra. Poi passammo a Monte Faeto. Eravamo elettrizzati. Dopo tante umiliazioni da parte di indiani, senegalesi e di mastica gomma, anche noi ci mettemmo a dare sberle. La luna bianca e senza espressione, se ne era andata a coricarsi dietro il fogliame secco dei castani. Arrivò il "buono" ed il perentorio stop del Gran Capo: "Bel lavoro, goldoni. Grazie." e ancora: "Siamo a Gallicano e procediamo". Era ancora buio quando arrivammo a Stazzana. La gente dentro era in apprensione, forse era impaurita. Noi eravamo entusiasti. Accendemmo le lampade a petrolio e si appiccò un nuovo fuoco nel camino. Una delle vecchie si affacciò per dirci se volevamo un poco di latte caldo, era un pretesto per sapere qualcosa. La tranquillizzammo, dicendole che gli americani erano stati scacciati da Gallicano, e che se ne stavano fuggendo lontano. Riprendemmo a mangiare quello che c'era rimasto, e a bere del buon vino fresco. Buon Natale! Quanti morti? Sarebbe servita a qualcosa, questa nostra azione? Personalmente ne dubitavo! Era l'alba del 25. Salimmo a Montealtissimo e scendemmo su Molazzana. L'ordine era di approvigionarsi col bottino di guerra. La sera ci trovammo a Stazzana, non nella casa, ma nel fienile. Si è acceso al centro un fuoco. La notte è fredda. Abbiamo sistemato cinque persone, tra le quali un neonato. Ci troviamo con due belle donne, una delle quali mi guarda con occhi profondi, nascosti da capelli dorati. Ci avevano ordinato di rastrellare viveri a Molazzana, viveri e tutto quello che ci poteva essere necessario. Saliti a Montealtissimo, avevamo preso una mulattiera che scendeva nella località chiamata Merecchia. Una discesa ripida e a zig-zag. C'erano ampi tratti di terreno dove la neve era scomparsa, si notavano gli smottamenti provocati dalle granate e dai proiettili delle artiglierie e degli aerei. Si procedeva in fila indiana, davanti a noi, a un duecento metri in linea d'aria, ecco la borgata di Molazzana. Sei o sette di noi, gli ultimi della fila, ci fermammo in una specie di aia accanto a un cascinale. Non c'era spazio per le macchine agricole, come nella pianura padana, tutt'al più solo per far girare il somaro. Sullo stesso spiazzo, steso un po' più in là c'era un ragazzo della *Wermacht*. Gli fummo intorno. Lo sguardo era vitreo, sembrava quasi sorridente, aveva i capelli biondi, abbastanza lunghi.

Era alto, e senz'altro più giovane di noi. Certo che i tedeschi del *III Reich*, ne avevano del coraggio per accollarsi la responsabilità di mandare al fronte dei ragazzi del ginnasio. A pancia sotto, il viso da un lato, trapassato all'addome. Lo rovesciammo e ritirammo i suoi documenti, gli infermieri avrebbero pensato a trasportarlo al Comando. Il cascinale che era al nostro fianco destro sembrava deserto. Sala si fermò di scatto e ci indicò la porta. La porta si era mossa: prima ci era sembrata chiusa, ora era semichiusa e oscillava. In lontananza, ci raggiungeva l'eco di mitragliere pesanti, di cannoni, delle raffiche di *Machinengewehr*, di fucili. Ci fermammo, sicuri di trovarci nel bel mezzo di una imboscata. Gli altri oramai erano scesi nel vallone. Eravamo rimasti: Sala, Miotti, un ex del vecchio Battaglione *San Marco*, Teruzzi e io. Sala, il contadino scaltro, che marciava al mio fianco, mi disse: "La porta era chiusa quando siamo arrivati, ora è semichiusa. C'è qualcuno nascosto là dentro. Cerchiamo di non fare la fine del tedesco". Ci allargammo, puntando le armi verso la casa. Sala era il più vicino alla porta d'entrata. Ad un tratto fece cenno di abbassare le armi. Disse: "C'è un bambino che piange. Ci sono come dei gemiti". Gli risposi che era diventato tutto scemo. "Impossibile, siamo in mezzo alla terra di nessuno, chi è quel pazzo che ci può vivere? Va a rischio continuo di essere fatto fuori da noi o dagli americani tutte le volte che si transita. Spionaggio!". Sala insisté: "C'è stato un gemito!". Ruppe gli indugi, e, dato un calcio alla porta saltò dentro buttandosi a terra. Saltammo dentro tutti quanti. La stanza era grande: una cucina col suo camino, un quadro desolante di mobili e suppellettili sfondate, cenere e stracci. Sala era un animale contadino, era della Brianza, abituato al casolare.... così scovò la botola e la aprì. Spianò verso il basso la *Machinepistole* e urlò con quanta voce aveva in corpo, forse anche lui un poco spaventato: "Uscite o raffico tutti!". Dalla scala a pioli uscì per primo un vecchio, poi un altro uomo, poi uscì una donna sui cinquanta, e infine due giovani che dicevano di essere sorelle, una di queste aveva un bambino molto piccolo in braccio. Una di queste due era Dora, che fu il mio amore platonico per tutto lo spazio della guerra in Garfagnana. Rimanemmo sbigottiti. Quasi quasi, ci sentivamo in colpa. Sala non riusciva più ad aprire bocca e lo capivo perfettamente, aveva spianato il mitra contro delle donne, un vecchio, un altro uomo mezzo ebete e un bambino. Presi la parola e, tanto per dire, dissi se erano delle spie, e quali servizi avevano reso al nemico. Ci guardavano inebetiti; dal loro racconto sconnesso, ci parve di capire che il bambino fosse nato nella cantina, e che si fossero nascosti nel sottosuolo alcuni mesi prima, e non ne erano più usciti. Circa tre mesi e mezzo interrati. Ci dissero che erano gente di lì, e che avevano dei parenti in Stazzana. I parenti erano proprio quelli che ospitavano noi. Aspettammo che gli altri nostri camerati ritornassero dal rastrellamento; arrivarono dopo un paio d'ore. Noi si era sullo spiazzo, seduti bevendo del buon vino e mangiando pane secco e salame nostrano, uscito dal nascondiglio sotterraneo. Quando Bozzi ci vide comodamente seduti si incavolò: "Sempre i soliti menefreghisti"; ci disse, e poi, passando lo sguardo sul gruppo di gente: "Chi sono questi qui, dove li avete scovati?!". Gli si ripeté la storia: urlò fulmini e saette, dicendo che erano dei delatori, delle spie, dei mascalzoni traditori. Sala diede di gomito ad una delle donne, che era terrorizzata. Si sapeva dove si sarebbe andati a parare. A Bozzi i partigiani avevano fatto fuori alcuni parenti nelle vicinanze di Pontremoli, e doveva pur sfogarsi. Alla fin fine si accorse che tra i "traditori" c'era anche un bambino, così tacque all'improvviso. Dopo un attimo di sbigottimento, riprese sempre brusco: "Li portiamo a Stazzana, là c'è posto e da mangiare per tutti". Gli uomini avevano trovato anche due muli, sui quali avevano caricato di tutto. Avevamo catturato una mitragliatrice con nastri di tela bianca, una decina di fucili, che chiamavamo *Rifle* [evidentemente dei *Garand M1*, NdE].

Burro, lardo pestato chiuso in pacchi, cioccolato, salamini, pane bianchissimo sigillato in pacchi di cellofan, persino già tagliato in fette. Non parliamo poi di caramelle al sapore di frutta, con buchi e senza buchi. Sigarette di tutte le qualità, *Chesterfield*, *Navy Cut*, *Boston*, *Morris*, tutte chiuse in strani pacchetti da cinque, ben confezionate. I due muli portavano anche alcune casse di bombe da mortaio. Bombe da 81 mm, cinturoni di canapa con borsette nelle quali c'erano spazzolini da denti, gomma da masticare, carta igienica, e pacchetti di pronto intervento. Con tutto questo ben di Dio era impossibile che il nemico perdesse la guerra. Arrivarono anche una decina di Alpini della *Monterosa*. Ci diedero una mano a caricare materassi e brande su altri muli che erano stati spinti fin lì. Caricammo alcune botticelle di vino ma c'erano anche delle damigiane e barili. Saremmo ritornati l'indomani, perché non era vino normale, ma elisir di lunga vita. Si portò via quasi tutto: delle stoviglie, piatti e padelle, pentole e paioli di rame. Si raggiunse Stazzana che era quasi notte. Ci parve che i vecchi padroni non dimostrassero un grande entusiasmo nel vedere i parenti di Merecchia. Comunque, gli dissero di installarsi vicino al torrente, nella grossa stalla. Stalla con relativo fienile, che un tempo doveva ospitare del bel bestiame. Al lume di lanterne, in men che non si dica, si sistemarono abbastanza confortevolmente, per lo meno erano fuori dal loro buco, a respirare l'aria della notte. La nottata passò tranquilla, si esaminarono i viveri – o meglio le leccornie – americane, fumando sigarette mielate. L'avanzata aveva talmente sorpreso il nemico, che a Molazzana si trovarono dei piatti con dentro del cibo tiepido, delle fette di salame appena addentate. Fu una fuga forsennata. L'attacco, una volta attraversato il Serchio, fruttò un ingente bottino sia in viveri che in armi, anche armi pesanti, come qualche Batteria di cannoni che fu requisita dai tedeschi. Si starà per poco a Sterzana, forse un paio di giorni, poi saliremo a Croce di Sopra, in prima linea, ma anche lì non ci staremo a lungo. Sappiamo già che dovremmo scendere a Brucciano, paese arroccato su uno sperone di fronte a Calomini, anzi di fianco a Calomini. Ordine di resistenza ad oltranza. Scenderemo con le Batterie dei mortai, ai quali abbiamo cambiato i tubi che si erano ovalizzati per il grande numero di colpi sparati. Certo che qui si sta bene. Inoltre c'è Dora e sua sorella e poi, anche se le altre sono anziane, le donne ti danno conforto nel bel mezzo di questa tragedia, che ci vede tutti nemici. A novembre eravamo sotto la Quota 1031, a pochi metri dalla carreggiata che andava a Cornola da Croce di Sotto, Cornola che si trovava sotto l'Alpe di Sant'Antonio. Ora siamo sulla stessa carreggiata in terra battuta, sconquassata dall'artiglieria, dalla neve e dal fango. Siamo, a Croce di Sopra, sulla cima del crinale. Vediamo la piana di Borga, attraverso castagni bruciacchiati dalle bombe e dal gelo. A fianco di una specie di rimessa per carri che ci ospita, c'è un prato in declivio coperto di neve. Un prato che scende verso Brucciano. Su questo declivio gli americani ci hanno lasciato molti uomini, circa un centinaio. Tra gli alberi ci sono tre cadaveri, già in avanzata decomposizione. Devono essere indiani, perché si intravede sulle loro teste mezz'interrate dal fango e dalle foglie marce, una specie di turbante, che doveva essere bianco. Non si può recuperarli perché la zona è completamente minata, mine tedesche e americane. All'interno abbiamo issato dei grossi pali, ricavati da tronchi. Tra un palo e l'altro abbiamo sistemato dei sacchi di sabbia, elevando così dei muri spessi. Il tetto è ricoperto di assi, e su queste abbiamo posato delle cassette in ferro ricolme di sabbia. Cassette in ferro che contenevano bombe di mortaio. Abbiamo così creato una specie di bunker. In un angolo di questo rifugio, un ferro conficcato a cavallo dei due muri che fanno angolo, con appesa una catena dove ci agganciamo il paiolo. Si fa da mangiare come meglio si può. Si deve fare molta attenzione al fumo, altrimenti sono cannonate. Davanti a noi la strada curva andando verso Cornola, e su questa curva si apre un piccolo canale, principio di quel torrentello che passa a Stazzana. L'acqua. esce da sotto terra appena sotto la strada, e lì in basso c'è conficcato un paletto a mò di croce, e sopra oscilla al vento un elmetto americano, che ormai è diventato un colabrodo. Chi pulisce il fucile ci spara dentro. Più sotto, tra un ciuffo d'erba che sembra sempre fresca, c'è una pozza di acqua gelatissima. Con dei sassi e del fango abbiamo creato una specie di invaso, in maniera da avere acqua da bere e per cucinare. C'è una relativa calma, qualche colpo d'artiglieria, qualche aeroplano che passa rafficando. Nulla più. Gli americani hanno lentamente ripreso le vecchie posizioni. Non tutte, però. Brucciano, Calomini, Monte Faeto, la 437, sono sempre in mano nostra. Si sono ripresi Gallicano e la parte a destra del Serchio. Si pensa che la nostra sia stata più che altro un avanzata dimostrativa, forse per alleggerire la pressione al di là dell'Abetone, sul fronte di Bologna dove inglesi e americani possono impiegare la loro enorme massa di corazzati. Qui il terreno è improbo. La guerra qui è uomo contro uomo, e per quanto siano a noi superiori come numero e come servizi logistici, a piedi non è che ci sappiano fare molto. Non sono quei fantastici uomini che ci descrivono nei film d'avventura. Non sono affatto dei "pistoleri", e mangiano troppo bene per andare allo sbaraglio. Chi glielo fa fare? Dove possono, prima spianano tutto impiegando la loro terribile macchina bellica, e quando sono veramente sicuri avanzano sulla terra bruciata. Qui il terreno non gli permette l'impiego massiccio della loro polveriera. Domani si scenderà a Brucciano. Dobbiamo scendere di notte, seguendo il filo del telefono, che passa sull'unico spazio non minato. Spazio, quest'ultimo, di circa un metro e mezzo. Abbiamo con noi, per nostra fortuna, due guastatori telefonisti: Passoni e Pasqua, tutti e due di Milano. I campi minati sono qualcosa di terribile, tanto più che a minarli ci si sono messi tutti. Americani, tedeschi, italiani. Per di più noi non abbiamo apparecchi rilevatori. Ci siamo fatti l'alloggio come a Croce di Sopra. Soltanto che qui siamo in una casa che al primo piano è sfondata, ma è defilata sul davanti da almeno una decina di metri di macerie. C'è una entrata che si apre su una scala. Nel sottoscala abbiamo piazzato una cucina economica in ghisa senza tubi, in maniera che il fumo si spanda per i vani superiori senza dar nell'occhio, evitando così la terribile artiglieria della 92. Abbiamo due camerate, una per il nuovo Ufficiale, il Sottotenente Pazzini, proveniente credo dalla Guardia Nazionale Repubblicana. Assieme a lui dormivano Bozzi, Arbicò, Miotti e qualcun altro. Abbiamo piazzato i mortai su un terrazzo e sulla piazzetta del paesuncolo, dove c'è anche il campanile che ci serve da osservatorio. A fianco di Brucciano, su un crinale simile al nostro, ma un poco più avanzato c'è Calomini, che è composto da tre frazioni, una alle pendici della Quota 1031, l'altra a metà, e proprio sulla punta, un po' sopraelevato, l'altro gruppo di case, con la Chiesa che sembra sia sull'orlo di un precipizio. Abbiamo trovato delle botti in una cantina con del vino rosso rubino, meraviglioso. Ciascuno lo spilla con una caraffa o una pentola personale. È un vino che ce lo portiamo dentro la buca anche di notte quando facciamo i turni di guardia. Eccezionale. Io credo che gli americani siano fuggiti terrorizzati perché tracannavano del vino simile. Dovevamo essere sbronzi al punto tale che ci vedevano quadruplicati. Un rosolio. Avevamo perso a novembre il Sottotenente Galisai, forse ucciso durante una perlustrazione oltre la linee, e domani avremo il nuovo Ufficiale, Io andrà a prendere

Miotti. Come avevo accennato, a noi si sono aggiunti due telefonisti, tutti e due lombardi: Pasqua e Passoni. Ci sono molto utili perché, oltre ad essere molto esperti, hanno posato loro le mine accanto ai fili del telefono. I turni di guardia sono pesanti, due di guardia e quattro di riposo, le postazioni sono troppe, dovendo vigilare su tutto questa specie di promontorio che si perde nella boscaglia di roveti e castagni. Il nuovo Sottotenente, Pazzini, è un pivello, un laureando che non capisce niente di mortai e di guerra, un toscanaccio, che deve essere un bravo cristo. È un pesce fuor d'acqua, dice subito che sta mettendo da parte i soldi del mese, perché quando ritorna va a Genova a sposarsi. Beata speranza! È anche un bestemmiatore favoloso, colorito, le sue bestemmie sono una decorazione con tanti personaggi grotteschi, sembra di essere di fronte a certe allegorie di Bruegel. C'è veramente da ridere, poiché se ne sta sempre rintanato nel sottoscala a compilare piani strategici di attacchi e di accerchiamenti, come se noi non fossimo una Squadra di ventidue uomini, ma un intero Reggimento. Cosa l'hanno mandato a fare quaggiù, non si sa! Chi ci dà ordini qui è soltanto il Comando di Montealtissimo, per il resto ci pensiamo noi, oramai veterani combattenti di prima linea. Pazzini spesse volte va a fare il giro del paese, in ispezione, parte con Scireseta e gira tra le macerie, fa due chiacchiere con le sentinelle e così rialza il morale delle truppe. Naturalmente non sa leggere una carta topografica, in più, a parte la pistola *Beretta*, le nostre armi non le conosce, perché noi abbiamo l'armamento della *Wehrmacht*, a parte qualche mitra *MAB*. I pranzi e le cene vengono serviti in piatti che prendiamo dalle case che sono ancora mezze in piedi, così è per i bicchieri. C'è pochissima acqua; solo un filo sottile sulla piazza del paese, che esce dai resti di una specie di fontana che devono aver fatto saltare. C'è anche un pozzo nell'aia di una casa, ma s'è riempito di terra e di macerie, cosicché, per cuocere la pasta, prendiamo un pò di neve qua e là. Da bere abbiamo vino in abbondanza. Non abbiamo il necessario per lavarci, e poi fa troppo freddo. Sono incominciati i bombardamenti, l'artiglieria americana è veramente di una potenza terrificante, e non bada a spese. Anche se scrivo questi appunti non è che sia sereno, ho una gran paura che se continua così a casa non ci ritorniamo tanto facilmente: l'aviazione nemica è giornalmente su tutta la linea con spezzonamenti, gli incendi sono un po' ovunque, ci lanciano anche dei manifestini: "Passate dalla parte che vince", dicono, "Sarete trattati come il soldato americano, sigarette e viveri a volontà. Passate con noi". Abbiamo preso anche un lancio di manifestini a firma del Generale Alexander. Sono indirizzati ai partigiani e dicono che al momento dell'occupazione da parte delle truppe Alleate di zone controllate dai patrioti, questi dovranno consegnare le armi alle truppe regolari dello scacchiere Alleato. Stiamo commentando questi manifestini chiedendoci quale stima hanno inglesi e americani dei patrioti che parteggiano al loro fianco su queste montagne. Abbiamo saputo che dalle parti di Calomini, alcuni *Goumiers* hanno violentato delle ragazzine di sette e nove anni. Il Comando ci ha avvertito che qualora prendessimo prigionieri tali individui di passarli per le armi immediatamente. Ci avverte anche di fare bene attenzione comunque, di non confondere arabi, marocchini e algerini con i negri statunitensi. Certo è che gli Alleati hanno con loro tutte le razze possibili su cui si può contare. Comunque, per noi, arabi o partigiani fa lo stesso, usiamo gli stessi proiettili. Alla buonora. "Leonardi, è mezzanotte, cambio alla postazione due". La postazione due è la postazione che guarda la vallata che c'è tra noi e Calomini. È un punto di penetrazione delle pattuglie nemiche per piantare aerofoni, in maniera da essere avvertiti dei nostri movimenti. Loro li mettono e noi li togliamo, tirandoci dietro tutto il filo, infatti abbiamo quasi tutta la linea che ci congiunge con il Tenente Del Nero, che sta a Calo-mini con circa una quindicina di fucilieri guastatori, è fatta con filo telefonico americano di preda bellica. Sono già venticinque giorni che siamo qui a Brucciano, e, alla notte, usciamo perlustrando con piccole pattuglie. Ci si incontra con quelle del Tenente Del Nero, un Ufficiale proveniente dalla *GNR*, combattente formidabile. Un temerario; ogni tanto viene a farci visita e si sincera che la Batteria di mortai sia efficiente. Conta molto su di noi, in caso di ritirata, infatti con i mortai possiamo sbarrare per qualche tempo una eventuale avanzata nemica. Loro hanno l'ordine di resistere al limite delle possibilità, e sganciarsi per ripiegare su di noi. Andiamo accorgendoci lentamente di essere gente in gamba, e lo siamo quasi a nostra insaputa. Stiamo sopportando da mesi un cannoneggiamento continuo, e la loro aviazione non cessa un attimo di spezzonarci con bombe dirompenti e al fosforo. E nonostante tutto i nostri nervi sono ancora abbastanza solidi, anche se penso che a lungo andare cederanno un poco. Sono i turni di guardia che pesano, i punti da controllare sono parecchi, esteso in lunghezza com'è il paese, cosicché abbiamo pensato di ridurre da due a uno solamente gli uomini di vigilanza. Quelle due ore di guardia sono terribili – e non sono il solo a pensarlo – i nervi sembrano corde di violino, e la tensione è ai limiti. Un tributo di energie che sfinisce, ti abbatte. Quando rientri non ti sdrai neppure, il freddo intenso ti obbliga a riscaldarti un poco vicino alla stufa, e seduto su una delle sedie sgangherate cadi in letargo. Quando ti risvegliano, non sai se hai dormito o hai vissuto un'altra vita in un incubo. Si è ricevuto l'ordine che possiamo a turno risalire a Croce di Sopra per scendere a Stazzana, per pulirci un po' e spidocchiarci. Una giornata solamente. Un poco prima dell'alba in quattro, si sale lungo il sentiero tenendo in mano il filo telefonico, facendo attenzione di non strapparlo dai piccoli paletti a cui è legato. Si scende a Stazzana, tra l'altro laggiù abbiamo gli zaini, con tutte le nostre cose, un paio di camice molto usate, qualche calzettone, comunque data l'usura oramai, più nessuno di noi ha la divisa completa della *San Marco*, ad esempio io ho un paio di scarpe alte da paracadutista inglesi, un paio di gambali di canapa che hanno i negri, e una casacca da bersagliere. Altri, al posto del basco hanno papaline prese sotto le macerie – tengono più caldo alla testa – e giacche tipo sahariana mimetiche dell'esercito americano, tra l'altro molto comode, in più borracce, scodelle e gamelle sono americane, tutta roba presa dal rastrellamento dal Natale. Abbiamo anche un mucchio di fucili degli *States*, ma non valgono granché, s'inceppano facilmente. C'è da dire, comunque, che loro non è che ci facciano caso: con l'abbondanza che hanno, "lascia uno e prendi l'altro". A Stazzana i vecchi ci fanno il muso, le giovani che stanno nel casone vicino al torrente invece ci sorridono. Io ho trovato la Dora, che mi lava la roba piena zeppa di pidocchi. In un primo momento, per tentare di toglierli, lasciavo gli indumenti a bagno nell'acqua del torrente, ci mettevo sopra una bella pietra e li lasciavo anche una settimana; anche gli altri mi avevano imitato, ma ci siamo accorti che non serviva a niente. Per togliere i pidocchi bisognava mettere il vestiario in acqua bollente. Così per me e per gli altri c'era la bella Dora, che tanto desideravamo. Che cosa era Stazzana? Un paio di casoni fatti di pietra in una delle tanti valli della Garfagnana. Gli abitanti avevano ormai la carne cascante, per la guerra e la vecchiaia. Gente nemica, ma il loro panico ci aiutava a dormire, a mangiare a spidocchiarci. Quando scendevamo a rompicollo, lasciando il sordo rancore dei cannoni, ci attendevano facce terribilmente ipocrite. Ecco che cosa era Stazzana, un posto dove il bisogno degli uni e il terrore degli altri obbligava tutti a convivere. Si era oramai a metà febbraio, ed eravamo sempre nella fossa di Brucciano; ogni tanto intervenivamo con le

Batterie dei mortai, sotto Case Rio, o case Termini, e facevamo tiri di sbarramento anche sotto il Monte Faeto, l'avamposto più avanzato tra le linee americane. Là in alto vi erano cinque uomini arroccati nel fango, armati di tutto punto, che segnalavano al Comando tutti i movimenti di automezzi, di autoblindo, di semoventi, di carri armati, sulla strada di Lucca, Barga, e Gallicano, strada che saliva poi all'Abetone. Gli americani non erano mai riusciti a salire fin lassù, o per lo meno, chi saliva ci restava secco. Quelli di monte Faeto, al pari di quelli della Quota 437, erano dei pazzi. Li chiamavamo *gli svitati della San Marco*, beninteso con grande rispetto. Il Battaglione oramai era ridotto ad un terzo degli effettivi, avevamo avuto sì qualche diserzione, ma la maggior parte delle perdite erano i morti: molti, troppi, intere Squadre annientate. Di tre Squadre di mortai ne era rimasta una, la nostra, la quale aveva qualcuno della seconda come effettivo. La terza, quella dei veneti, i soffiatori di vetro, era stata letteralmente distrutta. Un Plotone guastatori aveva fatto la stessa fine, e di una Compagnia di fucilieri, quelli di Burrone si contavano sulle dita di due mani, il Plotone dei telefonisti e radiotelegrafisti era ridotto a Pasqua e Passoni, gli unici scampati. Non parliamo degli Ufficiali, solamente l'attacco di Natale costò la vita ad almeno sette di loro, infatti vennero rimpiazzati da Ufficiali provenienti dalla Guardia Nazionale Repubblicana e dalle Brigate Nere. Naturalmente le perdite maggiori le subimmo nell'attacco terribile sferrato a metà novembre dagli americani, e nel nostro contrattacco per riprendere le posizioni perdute. Comunque anche ora lo stillicidio continuava. Il cannoneggiamento avversario era costante su tutta la linea, noi rispondevamo sporadicamente con i 75/13. Anche la *Monterosa* faceva quello che poteva, arroccata con i suoi uomini sopra Quota 1031 fino a Cornola, e al di là di Cascio. Praticamente da Cascio a Quota 437, passando poi a Montealtissimo, per scendere a Case Rio, a Case Termini e risalire a Croce di Sopra c'era il Battaglione *"Uccelli"* che teneva la linea, più gli avamposti di Brucciano, Calomini e molto più in là Monte Faeto. Eravamo distesi su un bel pezzo di terra. Un po' troppa direi: in totale non arrivavamo ad un effettivo di quattrocento uomini. Una nostra pattuglia quando usciva di notte era composta di quattro uomini, gli americani salivano in quaranta circa. Una loro pattuglia era superiore al presidio di Calomini e di Brucciano. Era la mattina del 27 o 28 febbraio. Limpidissima. Tutto d'un tratto si scatenò l'inferno, il fuoco di tutte le Batterie della 92ª si abbatté sulle nostre linee, il violento bombardamento investì Calomini e noi, a questo si aggiunsero quattro cacciabombardieri che facevano la spola con altri quattro. Lo spezzonamento fu violentissimo, e poco dopo ricevemmo attraverso radiotelefono l'ordine di puntare tutti e quattro i mortai su Calomini. Sentivamo nitidamente le *Machinengewehr*, sentivamo le calibro *.30* americane. Calomini doveva essere stata attaccata con decisione, del resto era una posizione saliente e valida sia per noi che per loro per l'osservazione. Pazzini era con me sul campanile, tentammo di chiamare il Tenente Del Nero ma inutilmente, poi presi io il telefono e dissi a Sala e Teruzzi di tenersi pronti. A tratti, lungo lo straduncolo di Calomini si distinguevano nettamente gli elmetti tipici degli americani. Non ci si poteva sbagliare: Calomini, a giudicare del numero di avversari che scorgevamo, stava per essere occupata da reparti americani in forze. La Chiesa nella quale eravamo appostati distava circa seicento metri in linea d'aria dal punto d'irruzione nemico, mentre il fondo del paese era a meno di quattrocento metri. Avevamo piazzato due *Machinengewehr 42* sullo sperone che scendeva ripido a valle, altre due dalla parte dove c'era il famigerato declivio erboso disseminato di mine, e altre due quasi dirimpetto a Calomini; con questo potevamo proteggere Del Nero e i suoi uomini, che ci aspettavamo si sganciassero da un momento all'altro. Il bombardamento, una vera valanga, era terribile, dalla strada di Gallicano erano avanzati anche i semoventi americani, distinguevamo il tipico doppio rimbombo dei loro pezzi e il loro tiro rapido, alla fine il cielo davanti a noi si illuminò di tre razzi rossi, che sfrecciarono uno dietro l'altro: capimmo che il gruppo di Del Nero si era sganciato e richiedeva il nostro aiuto. Diedi l'ordine a Teruzzi e Sala di spazzare Calomini, aprendo il fuoco a volontà. I due mortai del terrazzo dovevano centrare il fondo del paese e spostarsi poi uno a destra e l'altro a sinistra, battendo un raggio di circa duecento metri. A quelli nella piazza, che avevo sotto di me, ordinai loro di prendere di mira la frazione della Chiesa. Dirigevo il tiro in maniera accurata, dal campanile potevo osservare con precisione dove cadevano le bombe. Anche le *Machinengewehr* entrarono in azione, si attendeva da un momento all'altro che dalla mulattiera sottostante, attraverso i castagni, venissero su i nostri. Fu una lunga attesa, ma nel frattempo una postazione di mitragliatrici nemiche ci aveva individuato sul campanile; evidentemente avevano visto me o il Pazzini, che tra l'altro si credeva di essere sulla torre di una corazzata a distanza di trenta o quaranta chilometri dal nemico. Ci investì quindi una raffica di proiettili, che sbrecciò le aperture ad arco, e alcuni colpi finirono sulle campane, facendole risuonare di un suono staccato. Ci mettemmo al riparo e tirai due cristi, mentre il Pazzini rispose con una filastrocca lunga quanto la Divina Commedia. Mi misi persino a ridere, dove le trovava mai quelle tirate! Gli *Yankee* concentrarono il tiro di alcuni mortai e cannoni su di noi. La loro traiettoria era alta, e capimmo che andavano cercando la nostra Batteria. Ma non potevano immaginare che i nostri mortai da 80 mm fossero schierati sulla piazza della Chiesa, appena defilati, e gli altri due pezzi posti su un terrazzo, riparati dal tiro nemico da delle macerie. La loro rabbiosa reazione tentava di scovarci dietro il paese o in qualche anfratto della collina. Finalmente, incominciammo a vedere qualcuno che, strisciando lungo la mulattiera, stava raggiungendoci. Con i mortai continuammo un bel po' di tempo a sparare per "azione di disturbo", poi arrivò l'ordine da Bozzi di cessare il fuoco. Si scese dal campanile e ci raggruppammo tutti quanti, tranne le sentinelle, nella nostra casamatta. Ai fucilieri della sesta e settima messi insieme, in tutto circa diciasette uomini, mancavano tre marò, morti e abbandonati. Gli altri si erano portati a spalle a turno il corpo del Sottenente Del Nero, crivellato di colpi. Tutti questi uomini si distesero come morti su della paglia e materassi vecchi, nelle due stanze del ricovero rinforzato da noi costruito. Gozzi avvertì il Comando a Montealtissimo che avevamo recuperato i fucilieri di Calomini, che mancavano tre uomini più Del Nero, e che avrebbero portato il corpo al Comando, e così fu. Aspettammo il buio sul sentiero minato e, su una barella improvvisata con dei rami di albero, si portò il corpo del caro Del Nero, avvolto in una coperta. La notte passò relativamente tranquilla a parte il sordo boato di qualche Batteria di obici e dei "colpi doppi" dei cannoni dei semoventi, e anche qualche raffica di mitragliera pesante, il tutto si perdeva nei boschi. Comunque, lo spettacolo dei traccianti era stupendo e allucinante. Lontano, verso Barga, si riuscivano a vedere un gran numero di luci che correvano su di una strada, erano senz'altro colonne di camion americani che andavano tranquillamente su e giù approvvigionando la 92^a. Noi avevamo d'appoggio due Batterie tedesche dietro Castelnuovo, ma difficilmente avrebbero potuto intervenire su un traffico così intenso sulle strade di Barga, a così lunga gittata. L'azione sarebbe stata ad ogni modo inutile anche perché questo enorme andirivieni di automezzi era continuo e incessante. Quelle luci accese sulla piana di Bagni di Lucca e Barga, al di là del Serchio, dimostravano che lo strapotere logistico nemico era illimitato. A cosa sarebbero servite due cannonate su un quell'enorme numero di mezzi? Del resto, il famoso Tenente Petrucci, quello che ci aveva denunciato per diserzione, era riuscito più volte a oltrepassare le linee nemiche, raggiungendo anche Livorno. Dalle foto e dalle descrizioni mostrò chiaramente le riserve di uomini e mezzi avversarie, e le ingegnose soluzioni logistiche nemiche, come tutta una serie di oleodotti per il trasporto dei carburanti. La strapotente 5ª Armata del Generale Clark, al pari di un gatto col topo, stava giocando con uno sparuto numero di uomini del II Btg. della *San Marco* e della Divisione *Monterosa*. Che altro si può dire? Si può dire che la neve si era liquefatta quasi tutta davanti a noi, poiché le bombe dirompenti, il fosforo e gli spezzonamenti rendevano la terra rovente. Si era ormai alla fine di febbraio, il freddo era intenso, noi eravamo sempre arroccati a Brucciano, con gli americani schierati a Calomini. I turni di guardia erano esasperanti, la paura era molta, e ormai eravamo al limite delle nostre forze. La notte, mentre noi, con gli occhi sbarrati, scrutavamo il buio e i suoi fantasmi, ascoltando i più impercettibili fruscii, dall'altra parte della valle si sentiva benissimo il ritmo del *jazz*, e ci sembrava di sentire la gente che si divertiva. Il tempo passava lento, la stanchezza si faceva sentire, malgrado ciò si sentiva che questa calma non poteva durare a lungo. È un brutto segno quando le artiglierie tacciono, anzi, è di tremendo malaugurio. Il Pazzini, tra una Madonna e l'altra, stava sempre architettando di aggirare gli Stati Uniti e mandava fulmini a destra e a manca, dicendo che lui si doveva sposare, che non doveva fare il fesso sulla Linea dei Goti. Sala, che era lo sfottitore della combriccola, dando del tu al Pazzini, gli diceva di studiare un sistema di aggiramento della 92ª così ce ne andavamo a casa. Quello lo guardava e gli rispondeva con: "Madonna bucaiola inseguita dal serpente, che mi vuoi far fesso, guarda che sono Ufficiale, e ti mando davanti a un plotone di esecuzione!". E Sala di rimando: "Ma ciula, se non abbiamo nemmeno più le munizioni!". Era un battibecco buontempone fra il Pazzini toscano e il Sala brianzolo, al quale proprio non mancava niente dello sfottò toscano. Noi si rideva certe volte a crepapelle. Il Sala serviva la pasta nei piatti unti e neri di fuliggine, il piatto più grasso e più nero andava a Pazzini, così anche il bicchiere più sudicio. Al che lui si incazzava: "Ma che gli è sta pattumiera? Proprio a me sto schifo", e il Sala di rimando: "Eh, Pazzini, ché gli altri sono immondizie, fascistone sposino?". Il Sala aveva convinzioni di sinistra, soltanto, gli americani gli avevano ammazzato dei famigliari, per cui lui faceva la sua santa guerra personale contro di loro. Si era ai primi di marzo, sempre con un freddo cane e con la neve che non se ne andava. Da una parte era una fortuna, perché ci forniva dell'acqua, ma dall'altra il freddo era sempre freddo. Era mattina quando ricevemmo l'ordine dal Comando di metterci al riparo, in quanto ci avrebbero bombardato, e forse attaccato. Mi trovavo alla "Postazione 3" assieme al Maggi. Era una caverna costruita come rifugio da chi aveva abitato nella cascina a fianco. Si stava fumando una sigaretta tranquillamente, e stavo pensando che oramai eravamo ai primi di marzo, ed era un anno e più che non vedevo casa. Ritornai alla realtà poiché ad un tratto incominciarono i sibili delle granate dell'artiglieria americana, arrivando in un rapido crescendo ad un vero pandemonio, un boato dietro l'altro, assordante. Seguimmo ad un tratto sopra di noi una formazione di cacciabombardieri, i quali, volteggiando a bassa quota, incominciarono a sganciare grappoli di bombe su Calomini, tenuta dagli americani. Dapprima credemmo fosse la nostra aviazione, ma la seguente ondata di sei apparecchi aveva le stelle sulle ali, per cui gli americani stavano bombardando i propri stessi uomini. Bozzi mi richiamò ai pezzi, così i mortai furono puntati nella vallata dove gli americani stavano precipitandosi per mettersi in salvo o forse per attaccarci. Scaricammo più dei due terzi delle bombe che avevamo in riserva. Al tiro dei mortai si aggiunsero le nostre micidiali *Maschinengewehr* e i *Mayerling* [nome dato dai Marò della *San Marco* ai fucili semiautomatici *Gewehr 41*, NdC]. Il nostro fuoco durò quasi due ore, finché, non vedendo affacciarsi nessun elmetto americano, cessammo il fuoco di sbarramento. Improvvisamente, come d'incanto, il fronte precipitò nel silenzio assoluto. Una calma vasta e immensa, irreale e quasi terrificante... Smontai del mio posto di osservazione, che era sempre il campanile, e rientrai nel rifugio assieme agli altri che erano stati ai pezzi. Pazzini e Bozzi erano sdraiati nella prima stanza, il resto nella seconda, io ero a fianco della stufa e davo la schiena alla porta d'entrata, la quale dava su di uno stretto vicolo, Passoni stava davanti alla stufa appoggiato al muro, Sala gli era a fianco, e Teruzzi era dall'altra parte della cucina economica, di fronte a me. Perché descrivo esattamente la posizione di ciascuno di noi? Perché è così che siamo diventati degli eroi. È in questa posizione che ci guadagnammo una Croce di Ferro, è così che meritammo una licenza di quindici giorni, anche se questa non ci fu poi data. Pazienza! Stavo girandomi sulla fiamma una salamella infilzata su un filo di ferro, e altrettanto stava facendo Passoni, il quale aveva un viso pacioccone da lombardo, ma dalla pelle scura come un arabo, e con una barbaccia nerissima e lurida, ma d'altronde, con che acqua avemmo potuto lavarci, lì a Brucciano?

Comunque, ad un certo punto, mentre stavamo assaporando il sa-lamino teutonico, il Passoni sbarrò gli occhi guardando un punto dietro di me, si irrigidì e mi mormorò in dialetto lombardo: "Leo, *gh'è un negher su la porta*". Guardandolo con curiosità in faccia, sorrisi e alzai le spalle: "Pirla", gli risposi e aggiunsi: "Sempre voglia di scherzare, eh!". Ma lui, di rimando, sempre rigido e con lo sguardo fisso sulla porta: "*T'el giuri*, Leo, *gh'è un negher!*". Non fu tanto lui che alla fine mi convinse a girarmi, quanto il vedere il Sala che aveva un pezzo di pane in mano, e non sapeva dove ficcarselo, mentre guardava anche lui verso la porta dietro di me. E il Teruzzi, anche lui, cosa fissava, allora? Cosa guardavano, tutti? Alla fine mi girai lentamente, e così vidi l'ombra massiccia di un negro completamente armato, il quale, appoggiato allo stipite della porta, ci salutava, e mormorava qualcosa. La reazione di Passoni fu quella di tirare fuori la cordina di una bomba a mano tedesca, pronto a lanciarla, il che sarebbe stata una idiozia, poiché saremmo saltati anche noi. Il negro stava fermo sulla porta, salutava portando la mano all'elmetto, aveva la rivoltella nella custodia di canapa, e continuava a salutare e dire qualcosa. Noi non riuscivamo a concentrarci su cosa potesse mai tentare di dirci, ma piuttosto pensavamo a chi c'era con lui, dietro di lui, cioè. Un Sottufficiale negro che si presenta alla porta del nostro Comando, dopo essere passato lungo tutto il percorso che le nostre sentinelle sorvegliavano, non poteva che significare che gli statunitensi, dopo aver sopraffatto le poche forze a guardia del costone di Brucciano, ci avevano intrappolati. Dissi a Passoni di non fare lo scemo. "Chi c'è dietro? Siamo disarmati, se vuole ci inchioda tutti. Cerchiamo di parlargli, invece". Così gli andammo incontro, gesticolando all'italiana. L'uomo, alto più di un metro e ottanta, ogni tanto alzava il braccio in segno di saluto e mormorava qualcosa. Stava sempre occupando tutto il vano della porta. Anche se al massimo trascorsero un paio di minuti, ci sembrò passasse un'eternità. Alla fine Sala urlò: "Bozzi, Tenente, presto! C'è un negro, ce ne devono essere di più". Dopo qualche istante, sentimmo Bozzi borbottare da sotto le coperte che eravamo degli "abbelinati" – termine ligure – ossia degli idioti, mentre il Pazzini aprì il suo breviario toscano, aggiungendo che lui doveva dormire. A questo punto, invitammo il negro a venire avanti, e capimmo che era da solo. Eravamo quindi noi ad averlo in pugno, comunque non sembrava per nulla spaventato. Si capì anche che cosa si sforzava di dirci. Voleva dell'acqua, e gli demmo del vino, perché acqua non ce n'era. Lo disarmammo togliendogli la pistola, che era una nostra *Beretta*. Aveva le guancette in materiale trasparente, e in trasparenza si vedevano due fotografie, una ritraente una bella donna negra con un gran cappello di paglia, appoggiata ad una lussuosa automobile, l'altra sempre la stessa donna che teneva tra le braccia un bambino sorridente. Passoni smontò le impugnature e restituì al negro le foto. Gli offrimmo un salame tedesco, ci fece capire che era buono, lo invitammo a sedere, bevve del vino. Portava gli occhiali, ma dietro quegli occhiali si vedevano degli occhi bruciati dalla polvere da sparo, dalla paura, dalla fatica. Ci spiegò che era un paramedico, e ci narrò cosa era successo ai suoi commilitoni e a lui. L'aviazione americana aveva grossolanamente sbagliato obiettivo. Aveva preso Calomini per Brucciano, da qui il terribile bombardamento che fece precipitare gli americani a fondovalle, dove furono poi battuti dal nostro fuoco, diretto sul bosco sottostante. Ci spiegò che nella valle c'erano parecchi morti e feriti, e che lui aveva seguito il filo del telefono, avendolo giustamente riconosciuto come filo americano. Lo aveva seguito credendo di poter ritornare così nelle sue linee. Gli spiegammo che noi, in mancanza di filo, adoperavamo quello *USA*; allo stesso tempo ci chiedemmo che cacchio di guardia facevano i nostri Marò schierati lungo la mulattiera che andava a Calomini. Questo Maresciallo paramedico, alquanto in gamba, ci disse che era salito con tutta tranquillità per la mulattiera e, accortosi di essere arrivato su una piazza di un paese del tutto estraneo, aveva ormai deciso di seguire il filo del telefono, per non rischiare di essere ucciso se fosse ritornato indietro. Al che pensai che se le sentinelle stavano ancora guardando il bel paesaggio, il paramedico poteva andare e venire quando voleva. Il nostro parlottare scosse finalmente il Bozzi, il quale, intravedendo una uniforme e un elmetto diversi dai nostri, capì alla buonora che non avevamo scherzato, e saltò in piedi urlando a Pazzini che c'era un negro. Ritornarono entrambi di corsa coi mitra, accorgendosi però subito di quanto la loro tardiva reazione fosse stupida e inutile! Ci sedemmo così tutti quanti attorno alla stufa, girando salamelle e bevendo vino. Familiarizzammo. Perché no? In definitiva eravamo nemici ma eravamo tutti quanti dei poveri cristi nella stessa buca. Sala si mise ai fornelli. Stava scendendo la notte. Nello stesso tempo bisognava escogitare una storia che fosse plausibile per il Comando. Non si poteva dire ad Uccelli: "Signor Colonnello, ci siamo trovati un negro per puro caso davanti alla porta". Porta, peraltro, di una postazione con resistenza ad oltranza. Questa volta ci avrebbe fucilato in massa. Bozzi chiamò la sentinella della "Postazione 2"; era un torinese del quale non ricordo il nome, un bravo soldato. Il Bozzi, appena entrò la sentinella, disse a tutti quanti: "Fate largo!" – e continuò sprezzante – "Così può vedere!". L'ignaro Marò guardò il negro e, meravigliato, ci disse, di rimando: "Che bravi che siete stati, dove l'avete preso?". Al Sergente Maggiore Bozzi, Allievo Ufficiale che si incazzava per un nonnulla, caddero le braccia. Rimase fulminato, non riuscì più a parlare, si girò e se ne andò in camera. Con grande gentilezza, il Teruzzi diede un calcio in culo alla guardia, e con altrettanto garbo gli disse che quell'americano, ben visibile perché era alto oltre il metro e ottanta, aveva passeggiato sotto la sua postazione, e che se avesse voluto lo avrebbe benissimo ammazzato, e fatto una carneficina tra di noi. Ma ci zittimmo tutti perché arrivò la pastasciutta del Sala, fatta con sugo speciale e salamelle, e per contorno pane abbrustolito all'aglio. Trovò un piatto ed un bicchiere puliti per il nemico, e mangiammo tranquillamente in silenzio. Oramai calava la notte. Alla fine si trovò la versione giusta. Telefonò il Pazzini, che sembrava un Generale, tanto era la foga di fare bella figura. Il testo era pressappoco così: "Dopo il nostro bombardamento coi mortai, ho voluto far verificare da una pattuglia la situazione a valle, perché non comprendevamo come mai gli americani avessero bombardato Calomini, colpendo i loro stessi compatrioti, così la pattuglia composta da Sala, Teruzzi, Passoni e Leonardi ha fatto un prigioniero della 92 Divisione, prigioniero di razza nera, col grado corrispondente al nostro Maresciallo di prima, paramedico, come risulta dalle sue carte militari; salvo contrordini, lo accompagneremo questa notte a Croce di Sopra". La risposta fu abbastanza lunga, dopodiché il Pazzini ci informò che il Comando prendeva nota della nostra azione. Il Pazzini era felice, glielo si leggeva in faccia. Grazie ad una sola telefonata, anche lui era diventato un eroe. Anche se il soldato negro avesse detto su al Comando che era entrato nel paese tranquillamente per conto suo, nessuno, dico nessuno, gli avrebbe creduto. I giorni passavano, si arrivò alla metà di marzo sempre sotto il tiro incessante dell'artiglieria e dell'aviazione americana. Arrivarono i Bersaglieri dell'*Italia*. Un'impressione pietosa, più scalcinati di noi, rotti dalla fatica, sfiniti dal trottare per tutta l'Italia per arrivare fin qui a piedi. Avevano armi vecchie, Regio Esercito, mitragliatrici *Breda*, lente, pesanti, inadeguate per una guerra di rapidi spostamenti. Ecco, avevano le piume, ci ricordavano i nonni, i padri. Tutto questo era molto poetico. Ce ne andammo da Brucciano quasi a malincuore, e risalimmo in prima linea a Croce di Sopra. Ci si installò alla vecchia rimessa e si ricominciò come prima a riassestare i pezzi sulle vecchie posizioni. La neve oramai andava sciogliendosi, per quanto il freddo fosse ancora intenso. Un vivacchiare senza interesse, sempre pronti comunque ad entrare in azione coi pezzi da 80. L'acqua scarseggiava veramente, la pozzanghera che avevamo ricavato molto tempo prima, era diventata una pozza infetta. Dove c'era il bastone piantato su un cumulo di terra sulla quale crescevano dei fili d'erba, ora spuntavano dei piedi neri e le unghie di quelle dita nere erano incredibilmente bianche. Là sotto c'era uno della 92^a da chissà quanto tempo! Sopra c'era una polla d'acqua che lentamente scendeva a ruscello che passava da Stazzana, una località ben conosciuta dalla nostra squadra. A quel paletto ne aggiungemmo un altro di traverso. Una Croce. Ci rimettemmo l'elmetto sforacchiato. Non ci sparammo più sopra. Forse non era la Croce il suo simbolo, ma i Grandi in Cielo non danno importanza a tante stupide sottigliezze. Eravamo circondati da fatti tristi. Passarono altri giorni in relativa calma, ogni tanto si interveniva con i mortai sia su Monte Faeto che per Case Rio o Termini. Dopo ritornava la calma. Arrivò il giorno che fummo chiamati al Comando, Sala, Teruzzi, Passoni e il sottoscritto. Il Comando italiano e quello germanico avevano deciso di comune accordo di decorarci della Croce di Ferro, di seconda classe, e di premiarci con di quindici giorni di licenza, non appena il Battaglione sarebbe rientrato nelle retrovie. Si ritornò a Croce di Sopra a mangiare salamelle e paneall'aglio. È naturale che tutti si giocasse a "sfottò" gli uni che ci prendevano per pluridecorati e noi che giocavamo agli eroi. Il Pazzini che si voglia o non si voglia, faceva parte di questa squadra di "bislacchi" era contento perché vedeva pian piano arrivare il giorno del giudizio universale, cioè il giorno del matrimonio. C'era il Sala che era tutto un "proposito" a tale riguardo. Gli diceva: "Pazzini, ma che ti sposi, a Genova con tutti gli scaricatori, hai voglia, bei tipi, forti, robusti; ti sposi e sei cornuto". Pazzini rispondeva con bestemmie, poi diceva che non era possibile perché lui la ragazza l'aveva conosciuta quando era ancora piccola e che gli era stata sempre fedele. E il Sala, brianzolo dell'ostrega, insisteva: "Appunto, appunto per questo che ti fa le corna, dovresti andarci prima a letto, non aspettare la fine della guerra, che alla fine della guerra lei la ritrovi in Via Prè". Erano cose esagerate, il Pazzini le sopportava perché era un bravo ragazzo, poi il Sala gli andava vicino e gli diceva: "Tenente, ti ho fatto la cipollata alla fiorentina". E le scaramucce finivano sempre così tra il comunista Sala e il brigatista nero Pazzini. Eravamo sempre a metà marzo, quando ci comunicarono attraverso il radiotelefono che saremmo stati passati in rivista dal Colonnello Chiari. In verità non sapevamo chi fosse. Si seppe poi che era il nuovo comandante del 6° Reggimento, subentrato al posto del Colonnello Palma, che veniva non solo per conoscere i "suoi" uomini, ma anche in vece del Generale Farina. In un pomeriggio inoltrato infatti arrivò il Chiari, aveva una scorta con la quale poteva fronteggiare meglio di noi il nemico. Non scese naturalmente a Brucciano, aveva probabilmente le gambe con le vene varicose e poi aveva una divisa della *San Marco* troppo fiammante e ben stirata. Ci investì con quella arroganza tipica dell'ufficiale superiore che passa in rassegna il quadrato sulla Piazza del Campidoglio. Non ci impaurì, noi avevamo il vantaggio di essere dei veterani, e non dei damerini. Andava cercando le mostrine lucide, i bottoni, le insegne, i vari distintivi. Arrivò che non eravamo neppure allineati, e ciascuno di noi stava facendo gli affari propri, anzi addirittura il Maggi con Pasqua si stavano cuocendo i soliti sa-lamini, erano appena smontati di guardia dal prato dove gli americani al 16 e 17 novembre avevano sferrato il famoso attacco che aveva sfondato le nostre linee. Si trovava esattamente tra Croce di Sopra e le pendici della Quota 1031. Il Bozzi, vedendo i guappi del Colonnello che avevano i mitra imbracciati a mezzo fianco alzò la *Machinepistole* imitato dal sottoscritto, dal Sala e credo anche da Pasqua. Il Pazzini telefonò da dentro il rifugio al Comando di Battaglione, dicendo che, come Ufficiale al comando della 1ª Squadra mortai, non tollerava un comportamento simile da parte di un Ufficiale, e che tale Ufficiale non si rendeva conto di parlare con degli uomini che erano in linea da ottobre, e disse ancora che se questo Colonnello avesse continuato con tale atteggiamento, con ogni probabilità questo fottuto Colonnello Chiari sarebbe stato seppellito assieme al negro a Croce di Sopra. Il Pazzini si era scatenato, sacramentando furiosamente. Era bravo come il pane, ma era sdegnato da quel comportamento, troppo provocatorio nei nostri confronti. Il Bozzi invitò gli uomini della scorta del Chiari e mettere le canne a terra e di girare sui tacchi ed andarsene. Così fecero tutti, compreso il Colonnello, che disse ci avrebbe fatto rapporto. Circa un'ora dopo venimmo a sapere che il Colonnello era stato minacciato da Uccelli in persona di essere messo agli arresti se avesse persistito nel suo atteggiamento. Chissà quanti ce n'erano di tipi del genere, lo spirito del decrepito Regio Esercito non era ancora morto. Siamo al ventuno di marzo, e siamo sempre a Croce di Sopra, dove sono arrivati i Bersaglieri della Divisione *Italia* a darci il cambio. Qualche cannoneggiamento sporadico, distante. Noi crediamo che gli americani aspettino il cambio, cioè che ce ne andiamo, poi faranno un primo lancio di manifestini, come con noi, "Passate dalla parte che vince" – "Vi useremo il trattamento dei nostri soldati americani" – "Sigarette e viveri in abbondanza" – "Cioccolato, caramelle, gomma da masticare". Dopo questo lancio di carta colorata, scateneranno un attacco coi fiocchi su questi uomini. I Bersaglieri sono terribilmente male in arnese, male armati e equipaggiati. Questi sono soldati da guerra d'Abissinia, mentre qui di fronte abbiamo il meglio della guerra moderna, uomini che hanno il cambio ogni quindici, venti giorni. Uomini che non fanno la guardia snervante come noi perché stanno in ascolto con delle cuffie collegate a degli strani aggeggi che si chiamano aerofoni. Uomini che stanno rilassati ad ascoltare i programmi radio di Livorno, musica romantica, *Slow* e *Jazz*. Uomini che hanno ogni ben di Dio. Reparti appoggiati, nella benché minima operazione, dalla violenta preparazione dei loro micidiali cacciabombardieri e da una artiglieria che non ha limiti. Che facciamo noi? Siamo riusciti appena a respirare, forse anche perché ce ne hanno lasciato la possibilità. Loro non hanno alcun interesse di sprecare vite umane, anche se queste vite sono di indiani e di negri, di *Goumiers* del Generale Juin e di senegalesi. Ci penseranno i grossi *Sherman*, lo strapotere blindato ed aereo, sulla piana emiliana, poi anche qui si muoveranno con più facilità, su queste erte montagne della Garfagnana. Comunque non dobbiamo proprio sottovalutarci, abbiamo fatto tutto il possibile per farli star fermi, e il Generale Clark, pur scalpitando come un puledro, ha dovuto suo malgrado assaggiare il morso, tra questi impervi boschi. Era il ventuno, e avevamo ricevuto l'ordine di rientrare a Montaltissimo. Scendemmo prima a Stazzana a prendere i pochi stracci ancora rimasti, salutammo i paesani del luogo, la famiglia Tardelli. Fu un addio, non ci saremmo più rivisti. Per noi era la fine del fronte sulla linea dei Goti, per loro stava finendo un incubo. Con ogni probabilità noi eravamo gli ultimi combattenti italiani che passavano per Stazzana, dietro di noi c'erano i liberatori. Si risalì a Montealtissimo dove si concentrò la Compagnia. Ci squadravamo tutti quanti, direi quasi con ostilità, perché ciascuno pensava che l'altro se l'era spassata meglio. Sì, era la verità, una sensazione quasi di astio correva tra i reparti. Ci si domandava: "Da che parte avete passato le vacanze?". Era tanto tempo che non ci vedevamo tutti insieme, un secolo forse, bisognava rifarci l'abitudine. Vidi Favero del Plotone Comando. Lo riconobbi subito, era un mio vecchio amico e compagno di giochi di Milano. Rimasi interdetto. La granata era scoppiata improvvisa su di lui, e dalla pioggia di terra saltò fuori con le mani sulla faccia. Non voleva toglierseli da lì, perché ciò che spaventa ed è orribile, è di vedere la realtà avendo un altro volto. Gli occhi, già chiari, erano diventati acquosi e vitrei, le rughe, che gli sarebbero dovute venire molto più tardi, ad una certa età, erano apparse come d'incanto, profonde. Le vene erano più gonfie, la pelle era increspata, arricciata, quella di una mummia. Eppure avevamo vent'anni, vent'anni persi sulla terra lontana della Sassonia, persi sulla terra bruciata della Garfagnana. Ci riconoscemmo e mi abbracciò. Neppure il Plotone Comando era stato risparmiato. Avevamo vent'anni, e dovevano essere anni dolci e spensierati, ma c'era la guerra. Avevamo vent'anni, ma strappandoci le mani dalla faccia, avevamo tutti dei volti come quello del promosso Sergente Maggiore Favero, volti vecchi da mummia, bruciati dalla polvere da sparo e dal sangue. Si partì lentamente scendendo lungo la carreggiata che menava a Castelnuovo. Si arrivò che era quasi notte. Pernottammo al riparo di case e casoni maciullati dai bombardamenti. Lontano il rombo dei cannoni e raffiche delle mitragliere pesanti. Soltanto i traccianti che sembravano danzassero nell'aria per poi perdersi nei boschi. Si era al 22 e l'esercito di Franceschiello lasciò finalmente la prima linea imboccando la provinciale di Camporgiano e Piazza al Serchio. Passeggiata lunga. Avevamo creduto che dopo quasi cinque mesi di prima linea, senza alcun riposo, fossero venuti a prenderci, a caricare il nostro materiale con gli automezzi, con i famosi *Lancia RO*. La Repubblica Sociale riservava invece i servizi logistici a soldati ben puliti, impomatati, che erano a presidio delle sale di spettacolo Odeon, Excelsior, Scala, La Fenice, Lirico. Insomma gli automezzi dovevano servire per il fior fiore dei *Repubblichini*, che all'angolo dei pisciatoi montavano a guardia i vari *capataz* del nuovo e rinnovato Fascismo. Si stava ripetendo la farsa del 1940-1943. Si stavano ripetendo gli errori di un regime bonaccione e mal combinato in guerra, che aveva governato per venti anni e rotti un popolo assonnato e indisciplinato. Noi dovevamo arrivare a piedi fino a La Spezia, così l'esercito di Franceschiello, requisiti dei buoi e delle vacche, compresi i conducenti, prese la strada per Aulla. Passammo da Camporgiano, mezza distrutta dai bombardamenti, compreso l'ospedale, che ricoverava parecchi dei nostri, nonché soldati tedeschi e Alpini della *Monterosa*. Andammo così lentamente verso Piazza al Serchio e salimmo lungo l'interminabile nastro d'asfalto. Marcia faticosa e demoralizzante. Ad un dato momento, ricevemmo l'ordine di piegare su Vizzano, e la colonna prese a scendere, per poi risalire e di nuovo ridiscendere. E si entrò in Fivizzano, terribilmente ostile nei nostri confronti, la gente ci guardava esterrefatta, si domandava a quale esercito appartenessimo. Il 23 marzo notte si arrivò ad Aulla. Aulla era irriconoscibile. Si sapeva che aveva ricevuto bombardamenti massicci, infatti il nostro Battaglione vi aveva lasciato sotto buona parte dei carriaggi e delle salmerie e quasi tutti i marò. Bortolotto, Vitali, parecchi veneti. Non trovammo più la scuola, o perlomeno non riuscimmo a vederla in mezzo a quel tremendo ammasso di calcinacci. Scomparsa la gente, che ai posti di blocco chiedeva trepidante e paurosa un poco di cibo caldo. Un deserto di macerie. Non si poteva neppure frugare tra la polvere alla ricerca di un lontano ricordo. Eppure non era passato molto tempo da quando eravamo sfuggiti alle bande partigiane dei Laghi di Lagastrello! Eravamo praticamente partiti di notte da Castelnuovo ed eravamo arrivati ad Aulla con una luna così luminosa da potervi leggere il giornale. Forse una sessantina di chilometri. Ci fermammo per la notte a ridosso di quello che stava ancora in piedi e si mangiarono viveri a secco. L'ordine di partenza arrivò verso mezzogiorno, si era al 24, così approfittammo per riposarci ancora un poco, era una giornata di sole, sole appena tepido. I paesani ebbero dal Comando di Piazza l'ordine di prelevare qualche balla di fieno e anche della paglia. Vennero distribuito a loro e noi viveri a secco. Finalmente ci alzammo, riprendemmo armi e bagagli e incominciammo e muoverci alla volta di La Spezia. Dicevano che mancavano una ventina di chilometri, si andava stancamente parlando tra di noi. Seguimmo la statale, passammo il Magra, passammo Santo Stefano e raggiungemmo Migliarina quando incominciava ad imbrunire. C'era gente per le strade, gente vestita con abiti civili, cittadini! Ci osservavano stupiti, attoniti e con ogni probabilità si domandavano a quale esercito appartenessimo e da dove arrivavamo, conciati a quel modo. Non so dove finì il resto del Battaglione, ma noi pochi facenti parte della decima Compagnia finimmo in un pastificio, tra macchine in disuso. Dopo cinque mesi di fronte sulla linea Gotica, dopo esserci fatta a piedi la strada che da Castelnuovo Garfagnana giunge a La Spezia, il letto che ci era riservato era il pavimento di una fabbrica. Non c'era neppure la paglia. Non c'era ad aspettarci un poco di roba calda, proprio nulla. Eravamo talmente stanchi che non si reclamò neppure, e poi, con chi reagire? Non si mangiò, ci abbandonammo sul pavimento, con la testa sui nostri zaini. All'indomani mattina si aprì la porta del capannone, e, come una furia, entrò Uccelli: "Uscite" – ci disse "sarete ospitati in alberghi della città, perché altrimenti facciamo fuori il Prefetto e tutti i capoccia fottuti. Non sapevo nulla di voi, non immaginavo che foste sistemati qui". Aveva finito la sfuriata, nel contempo erano arrivati Set e Arena. Entrambi parlottarono col Comandante, e questi ripartì a grandi passi. Poi Set si rivolse a noi, e ci informò che il Tenente Piantato e il Sergente Maggiore Garganico erano stati presi dai partigiani a Pian di Pollo. La faccenda ci fu così descritta da due agenti in borghese della

Brigata Nera locale, che operavano nel paese di Pollo: Garganico guidava una moto con sidecar, nel quale c'era il Tenente Piantato. Oltrepassato il Magra, il Sottufficiale si era rivolto a dei paesani per chiedere la strada per La Spezia, e questi lo avevano di proposito dirottato a Piani di Pollo. Inoltratisi inconsapevolmente in zona partigiana, erano stati catturati, ed ora la partigianeria chiedeva quale scambio non so quanti prigionieri partigiani chiusi nelle carceri di La Spezia. Set e Arena erano Ufficiali della 7ª Compagnia, uomini validissimi. Piantato e Garganico erano della 10ª Compagnia, la nostra. Ci chiesero chi volesse partecipare all'operazione. Ci alzammo tutti. Addio albergo. Eravamo veramente incazzati, saltammo su dei camion della Guardia Nazionale Repubblicana e ce ne andammo alla volta di Pian di Pollo. Ci si installò a qualche chilometro dalla borgata e si passò la sera e la notte fuori dell'abitato. All'alba circondammo il paese e avanzammo buttando giù le porte, facendole aprire a forza, e prendemmo prigioniero praticamente tutto il paese. Incolonnammo la gente e la pigiammo dentro un terrazzo, che forse era stato un *dehor* di un ristorante. Avevamo i cosiddetti pieni, stanchi di partigiani, di patrioti, di macchiette fasciste, stanchi di stivali lucidi e di medaglieri, ne avevano fin sopra i capelli di traditori, di rifugiati, di traditi, di eroi, di donnicciole politicanti. In questa spedizione punitiva i cinque della Brigata erano quasi terrorizzati, forse tra di loro ce n'era qualcuno del paese, che forse aveva paura di un'eventuale rappresaglia a guerra finita. Perché, diciamolo com'è, la guerra era da tempo persa per noi della Repubblica. Ma ormai non ci teneva più nessuno. Ci si diceva: "Ma come, ritorniamo dalla guerra, ce ne andiamo verso casa e non abbiamo nemmeno il tempo di respirare un poco, che arrivano quattro delinquenti partigiani i quali, con l'aiuto della popolazione dirottano due poveri cristi che se ne vengono dal fronte! Pazzesco!". Dirò che noi della 1ª Squadra, che avevamo trascorso da prigionieri diverse giornate con questi "patrioti", eravamo i più duri. Così un Marò che aveva tra le mani una *MG 42* la piazzò ad un lato del terrazzo, e poi arrivò un altro Marò, che si piazzò dal lato opposto. Tra questa gente c'era logicamente il prete. Non poteva mancare il fottuto prete, perché erano tutti fottuti traditori. Gli indiani li avrebbero definiti *lingue biforcute* e li avrebbero scuoiati. Parlò Set e disse: "Se entro un'ora non ci restituite il Tenente Piantato e il Sergente Maggiore Garganico, con le armi e la motocicletta, vi facciamo fuori tutti". Era una voce dura, fredda, che non lasciava un minimo spiraglio di probabilità, e il suo discorso fu sottolineato da un Marò, che vedendo fuggire un ostaggio per i campi, lo colpì col *Mayerling*. Eravamo allo stremo della pazienza. Non ci si riusciva più a controllare, forse era anche la fatica, forse era il nostro sentirci abbandonati dai Comandi. Questa che era davanti a noi era una popolazione di ipocriti, gente benestante che se ne stava sfollata da La Spezia, aveva il proprio campicello personale, la propria bicocca. Parecchi lavoravano nei cantieri navali e possedevano un tesserino personale che permetteva di andare e venire a loro piacimento, con tanto di timbri tedeschi, ma noi ce ne fregavamo dei timbri, anche se fossero stati di un Comando *SS*. Erano tutti lì nel quadrato, pronti ad essere falciati. Si aspettò un poco e alla fine, com'era logico, dalla marmaglia uscì il prete, che si offrì per contattare i partigiani, premettendo che lui non sapeva dove fossero, e aggiungendo che la popolazione non c'entrava per nulla. Non gli si rispose. Il termine e l'ora dell'esecuzione furono prolungate di un'ora. Il paese era deserto. Tutti gli ostaggi, erano ammucchiati sul terrazzo, chi parlottava, chi pregava. Non era una cosa bella da vedere, ma che potevamo farci? Era ora di dire basta alla pietà. Chi aveva pietà di noi, chi un filo di compassione, chi manifestava un qualche sentimento nei nostri confronti, chi cercava le ragioni e i perché alla nostra partecipazione ad un ordine differente? Nessuno si era domandato che cosa sarebbe successo se non fosse esistita la Repubblica fascista. Nessuno si era mai domandato che cosa sarebbe successo se la popolazione del nord fosse rimasta isolata sotto la dura e logica rappresaglia dei tedeschi? Nessuno si domandava che poteva avvenire se la *Wehrmacht*, le *SS*, e i mongoli avessero avuto completamente carta bianca? Non erano certo quattro ometti del *C.L.N.* o quattro mangiacastagne, talpe di montagna o gente rifugiata in attesa che la guerra finisse, ad arrestare quella valanga di fuoco, di rabbia, che era in quel momento l'animale Germania ferito a morte! Quanti erano i vili che dietro il muro delle esecuzioni impartivano ordini? Quanti erano questi eroici partigiani e politicanti, che dietro le sottane dei preti, dirigevano una lotta miserabile e clandestina? La guerra finirà e troveremo questi assassini legalizzati al governo della nazione. Rimarrà sempre una piccola nazione l'Italia. Un piccolo pallone gonfiato. Un fatto comunque affiorerà evidente, gli Alleati, cioè coloro contro i quali continuiamo a batterci avranno ben poca stima per questa gente. Mi riviene in mente il manifestino del Generale Alexander lanciato nelle retrovie partigiane, che imponeva ai partigiani di posare le armi man mano che gli Alleati avanzavano. Gli inglesi sono al pari dei tedeschi, sono un popolo duro, intransigente, e non credo che saranno teneri con l'italietta dei traditori. Eravamo comunque a Pian di Pollo, ed aspettavamo il ritorno del pretonzolo. Aveva detto di non sapere dove erano i suoi compagni, ma non era passata mezzora che lo si vide arrivare a tutto pedale. Noi eravamo attorno a Set, c'era anche Arena. Eravamo attorno a Set, noi della Squadra mortai, perché Set sapeva che poteva contare su di noi, noi che eravamo stati presi dai partigiani e sapevamo come trattare con loro. Il prete riferì che i partigiani volevano uno scambio. I nostri della *San Marco* con cinque partigiani in carcere a La Spezia. Un Ufficiale della Brigata Nera, che tra l'altro era del paese, disse al nostro Tenente che il cambio sarebbe stato possibile, bastava collegarci col Comando di La Spezia. Venne respinta la proposta dell'Ufficiale della Brigata e si disse al prete che la *San Marco* non aveva nessun prigioniero partigiano e che, se entro mezzora non venivano consegnati i due militari, si sarebbe proceduto alla esecuzione di tutti gli ostaggi. Gli ostaggi erano almeno una sessantina. A sottolineare tale decisione, da una *MG* partì una raffica che sbriciolò un fianco della casa dove era assiepata la gente. Ci fu un urlo angoscioso e lacerante. Teruzzi disse sia a Set che al prete che se avessero voluto sarebbe andato a fare da intermediario. All'assenso di entrambi anche il Teruzzi inforcò una bicicletta e se ne andarono lungo la strada polverosa, il prete e l'ex partigiano. Dopo una ventina di minuti erano di ritorno. Il curato riferì che i partigiani non avevano niente contro di noi e ci ridavano i due prigionieri, ma in cambio volevano un giovanotto che era nel gruppo degli ostaggi. Si venne a sapere il giorno dopo che costui era un parente del capo della banda. Fu preso sulla camionetta della Brigata Nera, a bordo del quale montarono il Teruzzi, il prete e sei dei nostri. La comitiva partì alla volta dello scambio. Dopo mezzora, sul fondo del rettilineo, tra il polverone, sbucò la motocicletta col sidecar, con su Piantato, Garganico, armi e bagagli. Dietro, la camionetta col suo carico. Ordinammo il "rompete le righe" alla popolazione che era in ostaggio, e questa, borbottando e anche bestemmiando, si avviò alle proprie case. Altri si riunirono in gruppo per raccontarsela, parecchi si abbracciavano. Quelli della Brigata erano allibiti, ci dissero che loro non avevano mai preso tanta gente da far fuori. Aggiunsero anche con un sorrisetto di intesa, che magari l'avevamo fatto per fare più paura alla gente, ma quando seppero che molti di noi erano stati presi dai partigiani e messi al muro, tacquero e non risero più. Si ripartì alla volta di La Spezia senza più parlare della vicenda. Ci arrivammo nel tardo pomeriggio, e giunti al comando ci ordinarono di andare alla stazione. Salimmo in treno alla volta di Deiva. Evitammo così di fare il Bracco a piedi come all'andata. Pensavamo ad un poco di riposo, speranza inutile! La nostra Squadra, più un Plotone della settima scese a Deiva. La settima rimase al mare, mentre noi ci inoltrammo nella vallata, lungo una carreggiata che si perdeva chissà dove. Prendemmo alloggio in una palazzina che stava lungo la strada. Impiantammo una specie di cucina, servendoci di quanto già c'era in quella casa, e raccogliendo quel poco di verdura che c'era attorno alla casa. Con un poco di strutto e di salamelle messe a bollire il Sala ne fece uscire un minestrone. Non era male! Finalmente si buttava giù qualcosa di caldo. Il giorno dopo, senza alcun ordine, stavamo passeggiando lungo la strada che correva tra due montagne, quando improvvisamente dal mare, due aeroplani con doppia deriva ci presero di infilata con le loro mitragliatrici. Eravamo troppo abituati alla guerra, fronteggiandoli, saltavamo da un riparo all'altro, sempre avendoli di faccia. Dopo un poco se ne andarono, bravi comunque i piloti ad entrare in quella valle così stretta. Erano sei giorni che alloggiavamo nella villetta, diciamo che eravamo finalmente a riposo. Arrivò un portaordini della settima, e ci disse che dovevamo raggiungere la stazione. Infatti, poco dopo, passò il treno e prenderci, e si salì sui soliti carri merci. La Liguria è piena di gallerie, da queste parti il mare lo si vede a spezzoni. Eravamo fermi in galleria, e sapevamo che si era fatta notte. Circolava la voce che si doveva salire al nord, e che la difesa ad oltranza sarebbe stata lungo gli argini del Po. Tutto stava a vedere se ci si arrivava. Il convoglio era lungo, c'era tutto il Battaglione col suo Comandante. Qualcuno già dormiva, altri sgranocchiavano qualcosa sotto i denti, fumavano pensando sicuramente a tempi migliori. Nel vagone avevamo due vecchi altoatesini, erano parecchio sfiduciati. Uno di questi mi disse di dove ero, al che risposi: "Milano, e voi?" . "Sono di Tolbac." A dire il vero non sapevo dove fosse questo villaggio. Probabilmente tra la neve delle Alpi. Passammo così la notte tra il 29 e il 30 marzo in galleria. Uscendo da quel tunnel si arrivava a Sestri Levante. Così dicevano. Ad un certo punto arrivò nel mio vagone un portaordini. Mi volevano al vagone Comando. Lungo la galleria c'era una illuminazione fatta di lanterne e torce, qualcosa di surreale. Salii sul vagone Comando, una terza classe puzzolente di lubrificanti e di fumo di sigari e sigarette. Mi accolse Uccelli e mi disse: "Ti aspettano quindici giorni di licenza, purtroppo forzata", e mi mise tra le mani un telegramma scritto in tedesco. Gli chiesi rispettosamente che cosa significasse e mi rispose che si rammaricava, ma mia madre era gravemente ammalata, e urgeva a casa la mia presenza. Così diceva il telegramma. Aggiunse di aggregarmi a due della *Monterosa*, di cui uno ferito di striscio alla testa. Avremmo potuto farci compagnia durante il viaggio, con la raccomandazione di fare attenzione alle imboscate partigiane, e di non dare confidenza a nessun civile. Ci salutammo. Fu l'ultima volta che vidi al pallido chiarore delle lanterne e alla effervescenza luminosa di qualche fiammifero, la figura massiccia del mio Grande Comandante. Fu l'ultima volta che vidi il rosso sporco dei carri bestiame tanto familiare e i miei cari, cari compagni di tanti mesi di sacrificio. Camminando sul pietrisco, mantenendomi in equilibrio con le mani che un pò si appoggiavano ai vagoni e un poco al muro della galleria, andavo verso il chiarore dell'uscita. Armato di tutto punto, con parecchie bombe a mano, la *Machinepistole* e la *P 38* arrivai finalmente all'aperto. Anche se ero contento mi guardai indietro, avevo qualcosa sullo stomaco, era il magone. Intravidi nella penombra la locomotiva che, simile ad un mostro preistorico respirava violentemente gettando il suo alito bollente. Lasciavo nel ventre della montagna luci di lanterne, torce in movimento, al riparo dei cacciabombardieri nemici, l'orribile mostruosità di uomini in guerra. Tutta una gioventù fregata. Il Marò Leonardi aveva fatto la guerra e se ne andava e casa. Attraversammo Sestri e arrivammo a Cavi; passando da una fabbrica parecchi operai fuori dai cancelli ci guardavano in cagnesco, non potevano nascondere lo sguardo torvo e feroce. Vidi uno di costoro che aveva un pezzetto di legno tra le mani, forse prima ci giocherellava passando il tempo, al nostro passaggio lo spezzò con rabbia per dimostrarci il suo odio. Quell'uomo deve al sottoscritto la sua vita, poiché il ferito della *Monterosa* tolse la sicura al mitra con un sonoro *clic*, ma gli dissi: "Lascia perdere, non vedi, è uno stronzo unito ad altri, che fanno tutti assieme una merda". Si calmò. Passammo per Chiavari, per Zoagli, per Recco, arrivammo a Genova Albaro che era metà pomeriggio. Genova sembrava una città in pieno carnevale. Divise sfavillanti, corriere piene zeppe di uomini armati, un andirivieni di soldati, una esposizione di mostrine, decorazioni, nastrini, una vetrina di distintivi: teste da morto, cannoni incrociati, paracadute, fiamme, sciabole, c'era da rimanerne estasiati. Uno dei due della *Monterosa* disse: "Cosa fa qui tutta questa gente, non potrebbe rimpiazzare le perdite che abbiamo subito?". Già, cosa facevano tutti questi militari della Repubblica Sociale in città? Stavamo cercando un posto dove riposare un poco e rifocillarci, e anche dormire. Ci arrivò addosso una pattuglia della Brigata Nera, l'avevamo già adocchiata, con noi fecero la faccia feroce, e forse ne avevano ragione, visto il nostro vestiario. Alzammo le armi prima di loro, eravamo già troppo incazzati anche se tentavamo di contenerci. Si paralizzarono interdetti. Gli facemmo cenno di venire avanti senza toccare le armi. Certo, quelli della *Monterosa* avevano soltanto il cappello da Alpino, per il resto erano abiti civili, e io avevo solo i leoni, il basco e il cinturone tedesco, tutto il resto apparteneva all'esercito americano. Potevano benissimo pensare che fossimo dei disertori, o della gente scappata da campi di prigionia, và a sapere! Comunque quando furono a distanza ragionevole chiesi all'Ufficiale dove era di stanza la *San Marco*, o la *Monterosa* o la Marina, per poter mangiare e riposare, aggiungendo che si arrivava dalla Garfagnana, dalla linea dei Goti. Si vedeva dalla loro espressione che c'erano rimasti secchi. Ci guardarono ancora da capo a piedi, e si resero conto della nostra situazione. Alla fine, il capo pattuglia, riprendendosi, ripose che se si era d'accordo, ci avrebbe accompagnato al vicino Comando della Marina. A questo punto presentammo i *Soldbuch*, e quasi quasi non li vollero controllare. In un angolo di un palazzo in prossimità della Foce, si apriva un elegante portone, dove due marinai erano ad una mitragliera da 20. Presentammo loro i documenti, e uno di questi marinai ci accompagnò dall'Ufficiale di picchetto, un Guardiamarina molto giovane. Gli occhi di quest'ultimo si erano allargati a dismisura. Non guardava i documenti, li faceva ballare nelle mani come a pesarli. Era incuriosito, forse dal nostro aspetto, forse dal mondo lontano della Garfagnana. "Venite dal fronte, come va, riusciamo a resistere, riusciamo e ricacciarli indietro?", ci chiese. A dire il vero ci aspettavamo che ci dicesse: "Ragazzi venite, vi porto alla mensa e poi vi faccio vedere le brande". Ma invece insisteva, voleva sapere come andava al fronte. Gli rispondemmo che i nostri Battaglioni stavano ripiegando lungo la costa ligure, e che il fronte era ora in mano alla Divisione *Italia*, ma che comunque non è che andasse bene. Alla fine si decise e ci accompagnò alla mensa, ordinando cibo abbondante per tre. Bisogna dire che si mantenevano bene nella Marina dei pescherecci, se ce ne erano ancora, poi aggiunse che i due soldati della *Monterosa* dovevano raggiungere Bolzaneto, dove c'era un loro distaccamento. Non conoscevo molto Genova, ma sapevo per sentito dire che questa località era parecchio distante da dove eravamo, quindi mi opposi e dissi che costoro erano dei combattenti stanchi morti, che erano arrivati assieme a me a piedi, che facevano parte della Repubblica Sociale e che questa contemplava anche la *Monterosa*, per cui dovevano stare lì, avrebbero dormito, e all'indomani avrebbero raggiunto il loro Comando, sempre se era nelle loro intenzioni farlo. Parlai abbastanza convinto di ciò che dicevo, e forse questo fece il suo effetto, detto poi con la faccia che avevo, nera dal sole, dalle intemperie e dalla sporcizia. Passammo la notte al Comando della Marina, e, alla mattina seguente, dopo una abbondante colazione con latte caldo e pane, salutai quelli della *Monterosa*, loro se ne andavano verso Torino. Un Ufficiale mi disse che alla Stazione Principe c'erano in partenza un paio di corriere dirette a Milano. Arrivai sul piazzale e infatti c'erano due automezzi con parecchi militari della X^a e di altri reparti. Se ne stavano seduti lungo i marciapiedi, chi fumando, chi rosicchiando cibo. Abbordai uno di questi chiedendo se andavano verso la Padana mi rispose che un attentato al Passo dei Giovi da parte di un forte nucleo partigiano aveva fatto rimandare la partenza forse verso sera. Un Ufficiale mi chiese i documenti, gli presentai il *Soldbuch* e il permesso speciale di licenza e il telegramma scritto in tedesco. Gli dissi che arrivavo dalla Garfagnana e che il resto del Battaglione lo avevo lasciato sotto la galleria di Sestri Levante. Tutti fissavano la mia uniforme e le mie armi, avevo alla cintura delle bombe a uovo inglesi e infilate sia davanti che dietro quattro bombe tedesche col manico, dal piccolo zaino a pelo spuntavano altre tre o quattro bombe col manico rinforzate. Naturalmente avevo la *Machinepistole*, insomma ero armato sino ai denti perché volevo arrivare a Milano a tutti i costi. Le bombe a mano erano la migliore difesa personale, le potevi lanciare senza fare alcun rumore e c'era la possibilità di non essere localizzato, inoltre erano terrificanti. Un altro Ufficiale mi consigliò di attendere la sera o meglio l'indomani. Avrei trovato alloggio al loro Comando. Stetti un poco a pensarci, poi presi la scusa che andavo a girare nei paraggi per vedere un poco Genova, e mi allontanai con l'intenzione di raggiungere la camionale per Serravalle. Era mezzogiorno, e lungo una strada piena di case sforacchiate, brutte, coi tetti di lavagna, con imposte sporche e malridotte, trovai una trattoria. La donna che serviva era gentile. Mi portò una zuppa calda di trippa e un piatto di patate in umido. Rimasi parecchio appesantito dalla mangiata. Mi informai dove si trovava la camionale, mi rispose che c'era ancora parecchio da camminare, sempre diritto, poi a destra avrei trovato un casello con delle sbarre, là passava la camionale per Serravalle. L'informazione era esatta, infatti sulla destra trovai la casa rossa con fuori alcuni Militi della Guardia Nazionale Repubblicana. A questi mostrai i documenti, e gli dissi che dovevo raggiungere Milano. Mi risposero che era una follia, ma che avevano segnalato che da lì a due o tre ore sarebbe passato un convoglio carico di materiale, controllato dai *Cacciatori degli Appennini*. Mi misi seduto sul muretto, uno della Guardia mi offrì un sigaro tedesco e parlammo del più e del meno. Arrivò la notte e finalmente anche cinque grossi camion carichi di fusti pieni di olio combustibile. Oltre agli autisti, ogni camion aveva un uomo armato di scorta, inoltre sul primo e l'ultimo camion era piazzata una mitragliatrice. Quelli della Guardia si fecero premura di indicarmi quale passeggero che doveva andare e Milano. Uno dei *Cacciatori* scese e mi disse che non andavano a Milano ma ad Alessandria, e che allungavo il tragitto andando con loro, ma che purtroppo per quella notte il loro era l'ultimo convoglio. Dissi loro che l'importante era muoversi da Genova, e che ad Alessandria avrei sicuramente trovato qualche altro trasporto diretto a Milano. Mi fecero salire sull'ultimo camion, tra i bidoni, a fianco del militare con la mitragliatrice. Aggiunsero di fare bene attenzione, perché c'erano partigiani da tutte le partì e si rischiava la vita. Ci si staccò da Genova salendo lentamente, si entrò in una galleria abbastanza lunga, dopodiché si ridiscese. Non so che paesi passammo, ma dove si transitava in strade strette si fissavano le finestre delle case. Dopo la mezzanotte si arrivò ad Alessandria passando sul ponte di un fiume, e mi fecero scendere vicino ad un locale che stava aperto tutta la notte, gestito da militari della Repubblica Sociale. L'ambiente era accogliente, e mi sedetti vicino ad una grossa ed alta stufa di terracotta. Si avvicinò una Ausiliaria e mi chiese da dove venivo, risposi al solito "La Garfagnana", così dopo un poco la raggiunse un'altra donna, questa volta con il grado di Sottotenente e con al fianco due uomini in borghese, parecchio autoritari. Senza neppure alzarmi tirai fuori i documenti, questi li controllarono attentamente, io di sottecchi controllavo loro con il dito sul grilletto della *Machine*. Mi salutarono e se ne andarono, rimasero l'Ufficiale e l'ausiliaria. Ordinai dei panini e della birra, stavo al caldo, ero stanco, tra una boccanata e un sorso cominciai e pensare alla situazione. La mia *San Marco* era lontana, chissà dov'era finita? Ne avevo fatta di strada, chissà come stava mia madre! L'avrei ancora trovata viva, sarei arrivato a tempo? Pensare che ci eravamo mancati per un soffio a novembre. Io ripartivo da Chiavari col carico delle munizioni la notte, e lei il giorno dopo raggiungeva la cittadina rivierasca per vedermi e abbracciarmi. Un viaggio sicuramente spaventoso e vano. Me lo aveva detto Torrisi che mia madre era scesa fino a Chiavari, e che una volta giunta al Comando gli avevano detto che non poteva proseguire oltre. Con la testa che aveva mia madre sarebbe arrivata fino al fronte. Ero a novanta chilometri dal mio passato, dalla realtà della famiglia. Già, la famiglia. Che mi rimaneva ora? Il ricordo di amici di guerra, di fatti di guerra, di paure di guerra, di timori, di insidie, di odi, di rancori, di sogni e speranze sempre di guerra. Mi rimaneva mia madre ammalata, e con la quale tra l'altro avevo vissuto ben poco. Dove sarei finito? In casa di mio zio, probabilmente. Mio zio in definitiva era un brav'uomo, preciso come uno svizzero, infatti era nato a Chiasso, duro, lui era dell'invitta 3ª Armata del Duca d'Aosta. Anche su questo punto avrebbe avuto da dire, lui non aveva mai perso una battaglia in cinque anni di guerra, e io, dal 1943 al 1945, le avevo perse tutte. A dire il vero, non sapevo che cosa dovevo fare, una volta arrivato e Milano. Ero in licenza, ma poi sarei ritornato al Battaglione e dopo ancora, quando la guerra fosse finita, che fare? Mi dovevo essere addormentato sulla seggiola, poiché una mano leggera mi toccò la nuca, e sentii bisbigliare: "Marò, è giorno". Mi svegliai e guardai la donna vestita da Milite, era graduata e mi offriva un panino con della cioccolata, che subito mangiai. Le esposi il mio problema, rispose che mi dovevo portare sul ponte del Tanaro e che una volta lì, con l'aiuto della Brigata Nera, avrei sicuramente trovato un mezzo per Milano. La ringraziai, salutandola quasi con affetto. Arrivai al ponte e oltre a quattro o cinque uomini della Brigata Nera, vidi qualcosa di avvilente. C'era un gruppo abbastanza numeroso di Marò della San Marco, i quali, non appena mi videro, si avvicinarono gesticolando, e quando mi furono davanti mi apostrofarono duramente, chiedendomi che ci facevo armato, e chi mi aveva dato il permesso. Rimasi interdetto, e gli risposi con violenza, chiedendogli piuttosto cosa ci facevano loro, conciati in quella maniera? Erano infatti completamente disarmati e non. avevano neppure il cinturone tedesco. Al suo posto, avevano solo le cinture di stoffa con la fibbia scorrevole di ferro. Avevano poi le mostrine della *San Marco*, ed era tutto. Andavano in licenza, e mi riferirono che il loro Comando gli faceva lasciare le armi in caserma, cosicché, nell'eventualità di essere presi dai partigiani, questi, vedendoli disarmati, con molte probabilità lì avrebbero lasciati liberi. Era un bene che fossimo finiti in Garfagnana, e non nelle retrovie con gente del genere, avevamo evitato una umiliazione come questa. Arrivò un camion con rimorchio carico di fusti. Gli uomini della Brigata Nera controllarono i documenti e il carico, e dissero al conducente di portarmi a Milano, e di caricare anche gli altri che sarebbero scesi nei paesi lungo la Padana. Alcuni non salirono, forse per paura perché io ero armato, mentre altri, insicuri e timorosi, salirono sul mezzo che li portava verso casa. Si passò per frazioni e paesi, ma io avevo occhi solo per la strada, passavo dal rimorchio alla motrice e viceversa. Un Marò fece capolino, e mi chiese se poteva avere delle bombe e mano. Gli diedi due granate a uovo e due a manico. Poi ne arrivò un altro, ed anche con quello feci la stessa cosa. Si stavano rinfrancando, meno male! Non si andava molto veloci, e dopo un bel pò di tempo mi accorsi che a circa quattrocento metri si intravedeva un capannello di persone. Balzai sulla motrice, arrivai al finestrino del conducente e gli intimai di accelerare e di non fermarsi per nessuna ragione. Capii che era spaventato, ma io dovevo arrivare a casa, mi dispiacque, ma gli mostrai la *Machinepistole*. Poi andai dagli altri due Marò della *San Marco*, dicendo di stare pronti. Ce ne fu un terzo che chiese di partecipare, e così gli passai la *P 38* e un paio di bombe. Mi ripeterò, ma nel mio zaino a pelo avevo un bel campionario di granate. Per quanto sbuffasse, il camion accelerò l'andatura. Eravamo tutti defilati tra i fusti, dal lato dove sostava il gruppo di gente. Si passò davanti a loro quasi invadendo la corsia opposta, e ci rendemmo conto che il capannello era composto da donne e da qualche uomo anziano. Dissi al conducente di frenare, e questi eseguì l'ordine. Si avvicinarono e chiesero se potevamo portarli a Orfengo. Avevamo passato Vercelli ma per strade fuori città. A questo proposito domandai al conducente come mai ogni tanto prendesse strade traverse e mi rispose che aveva paura dei mitragliamenti aerei. Una volta giunti ci fermammo a Orfengo e così la gente scese. Si riprese il viaggio tra le campagne e lontano vidi un grosso agglomerato di case, il conducente mi disse che stavamo passando fuori da Novara. Lui seguiva un itinerario ben preciso. Nel frattempo, alcuni Marò, rendendomi le bombe, chiesero di scendere. Ci salutammo e si riprese la corsa, passando attraverso paesi grossi e piccoli, ma alla fine puntammo verso Milano, arrivando in corso Vercelli. Lì incrociava via Washington, dove avevo lavorato per la Borletti nel 1941. Verso le sette, i Marò rimasti scesero in piazzale Baracca. Poi il camion mi scaricò in largo Cairoli, e penso che il conducente abbia tirato un grosso respiro. Era il primo aprile del 1945. Esattamente un anno prima mi trovavo ad Auerbach. Quando arrivai davanti al teatro Dal Verme, quasi del tutto diroccato dai bombardamenti dell'estate 1943, dirimpetto, all'ultimo piano del palazzo che portava il numero 3 di via San Giovanni, alzai gli occhi e, che mi venga un colpo, c'era mia madre che sbatteva i vecchi tappeti della camera da letto. Ci guardammo, parve un secolo, ci sbracciammo alla napoletana. I passanti, ora più numerosi, mi squadravano interdetti. Arrivai in casa. La mamma stava benissimo! La diabolica zia Velia, con l'appoggio della malata immaginaria e l'ausilio compiacente di un Ufficiale tedesco ordì la pantomima, e la *Kommandatur* ordinò il mio rientro. Mio fratello era a Besana Brianza e lavorava al Consorzio dove avevo lavorato anch'io. La Ditta era sfollata a causa dei bombardamenti. Andai da mio zio, non prima di essermi spogliato fuori, sul pianerottolo. Non si volevano pidocchi in casa. Cominciai così a girare per Milano in borghese. Avrei desiderato ritornare al Battaglione, così andai al Comando piazza della X^a, che era all'Hotel Pace in piazza della Repubblica, difeso da reticolati in filo spinato. Sul lato opposto, dietro ad altri cavalli di frisia, all'Albergo Touring c'era la

Wehrmacht. Parlai con un Ufficiale, e questi mi disse che era quasi impossibile passare il Po perché, si parlava di un generale ripiegamento. Anche Milano era una esposizione di sgargianti divise, uno sfoggio di saluti. Questa che si viveva qui era la parodia della guerra, sembrava un gioco di soldatini: chi sfilava cantando e ritmando slogan, chi si sbracciava in pose guerriere spianando il mitra. Non capivo più nulla, ero frastornato. Le *Fiamme Bianche*, la *Leonessa*, la *Brigata Nera*, la *G.N.R.*, poi i campionari della *Nembo*, della X^a *MAS*, la *Folgore*, la *Muti*, la *Resega*, i Cacciatori, i Bersaglieri, gli Arditi, la Marina, i Carabinieri, la Polizia, poi altri ed altri ancora. Gli americani, ora era ufficiale, stavano salendo. In alcuni punti avevano oltrepassato il Po, e quel "campionario" girava per la città come se fossimo in pace. Ritornai al Comando Piazza per avere informazioni più precise sul mio Battaglione e l'Ufficiale addetto, della X^a *MAS*, mi chiarì le idee. Prese una carta e mi fece vedere Uscio, paese sopra Chiavari. In quel punto il Battaglione "*Uccelli*" era stato circondato da forze americane, mentre i partigiani guardavano. Mi disse che Uccelli aveva stipulato la resa con gli americani. Non seppi altro. Mi aggiunse che era meglio che me ne stessi al riparo! Il pomeriggio del 23 aprile ero in casa di mio zio Mario Terni. Questo zio, oltre ad essere maestro d'orchestra, era anche ebreo. Se ne stava nascosto, rintanato in casa con la complicità di un commissario della polizia politica fascista. Eravamo in Piazzale Bottino, e nelle vicinanze si sparava. Entrò nell'appartamento il signor Cremascoli, pure lui ebreo, violinista dell'orchestra della Scala di Milano. L'avevo perso di vista, ma lo conoscevo da lungo tempo, era sempre in casa di mio zio Mario, uno al pianoforte e l'altro al violino. Dopo un poco che stavano parlando di pericolo, di lavoro e della situazione che si era creata si rivolse a me e mi disse: "Ora Leonardi, vieni con me a casa mia." Lo seguii come un cagnolino, non avevo più nessuna volontà. Era la disfatta. Entrammo nel suo silenzioso e tranquillo appartamento di piazzale Archinto. Prima di chiudermi dentro mi disse: "Ragazzo, sono per voi tempi molto pericolosi, io non approvo quello che stanno facendo i miei compagni, ma d'altronde è la politica e la guerra. È più la politica sporca però che uccide!". Se ne andò lasciandomi padrone di questa sua casa-studio, con la credenza piena zeppa di viveri e secco, scatolette, gallette, sa-lamelle tedesche, pane americano, birra e gassose. Fuori si sparava sul serio, si sentono sirene, rumori di motori veloci, si sentono grida. Io sono qui, seduto alla scrivania, in mezzo a gessi di Beethoven, di Verdi, e stampe di Mozart, di Schubert, e a fotografie di Puccini, di Mascagni, di Zandonai, di soprani e tenori. E mi sto domandando cosa c'entrano gli ebrei nella mia storia, niente... Mio zio fece la guerra 1915-1918 e fu anche ferito... I miei compagni ebrei della scuola di via Spiga, perché deportarli, perché costringerli a nascondersi? A lato, su una panchetta di noce e posato un bel violino, e, vicino, un leggio dorato con sopra uno spartito. Di fronte e questa gente del passato che mi osserva severamente, in questo grande silenzio che mi circonda, sto raccogliendo ed ordinando tutta la mia storia, la storia di uno e di tanti che hanno combattuto per perdere. Senza patria, senza terra, senza più alcun interesse se non la sopravvivenza. Quei pochi mesi di guerra erano costati al mio Battaglione centinaia di morti e feriti. Ce l'avevamo messa tutta. Senza più approvvigionamenti, senza quasi più munizioni, senza servizi logistici, non avevamo quasi più nulla. Davanti a noi gli Stati Uniti, dietro la Russia dei compagni del fazzoletto rosso. Circondati. Il nostro esercito era stato schiacciato dall'imponente parata americana.

Dopo la "liberazione", nel mese di settembre, in corso Buenos Ayres, incontrai Pasqua e Passoni, reduci dal campo di concentramento di Coltano. Mi informarono delle ultime ore vissute dal Battaglione *"Uccelli"*. Dopo alcune azioni antipartigiane nel Chiavarese, sospinti dall'avanzata americana, riuscirono e far saltare un carro armato stellato sotto le galleria della Ruta. Questo diede il tempo al Battaglione di spingersi verso l'Appennino. Fra il paese di Salto e Uscio, il resto del Battaglione fu bloccato e accerchiato dagli americani e da partigiani. Non ci furono perdite perché Uccelli volle parlamentare solamente con gli americani, ed agli americani si arrese il 27 aprile. Furono comunque consegnati alle forze del C.L.N., ma con la garanzia da parte americana che non si facessero rappresaglie. A dispetto di ciò, Uccelli fu picchiato a sangue con i nastri delle mitragliatrici da alcuni partigiani esaltati. Furono poi tutti portati nel campo di concentramento di Coltano, e il Comandante Uccelli fu condannato al carcere e rinchiuso a Savona. Mio suocero ebbe occasione di conoscerlo, e di vedere le tracce delle sevizie sofferte.

Quanto tempo. Quanto tempo! Ed è veramente la fine.

FOTOGRAFIE

5 novembre 1944, verso il fronte della Garfagnana. Elementi della 10ª Compagnia del II/6°. 1. Maggi 2. Osvaldo Giambra 3. Secol 4. sconosciuto 5. Di Meo 6. Giancarlo Leonardi 7. sconosciuto 8. Mario Miotti 9. il Sergente Luigi Bozzi 10. Sala 11. Arbicò. Sotto, da sinistra, Arbicò, il Sergente Bozzi, Giambra, Miotti, un Marò sconosciuto, Sala e Leonardi (Archivio Giambra).

I luoghi dei combattimenti della San Marco *in Garfagnana descritti da Leonardi: sopra, l'abitato di Brucciano, sotto, Calomini. Si ringrazia Paolo Bertolucci per le foto delle pagine seguenti.*

Brucciano oggi. Scorcio dalle posizioni della San Marco *verso il fronte. I mortai da 80 mm della Squadra di Leonardi erano piazzati tra l'albero al centro della foto e il retro della Chiesa. Sotto, il campanile che serviva da punto di osservazione per i mortaisti italiani (visto dalle posizioni Alleate).*

Nella foto sopra, l'abitato di Molazzana, sotto, Verni. Quest'ultima immagine illustra bene l'aspro paesaggio che fu teatro dei duri combattimenti della San Marco *nell'inverno 1944/1945 in Garfagnana.*

Di seguito, alcuni scatti di Marò e Ufficiali della San Marco *(questa foto e le seguenti, Archivio Viale).*

Un Ufficiale della San Marco.

Lo stesso Ufficiale della foto precedente. Notare il Distintivo d'addestramento in Germania.

In questa e nelle foto seguenti, Ufficiali e soldati del Deutsche Verbindungs-Kommando 182, *reparto di collegamento tedesco presso la* San Marco.

Un Leutnant *del* DVK 182 *decorato di Croce di Ferro di 1ª Classe.*

Questo altro membro del DVK 182 *indossa una giacca modello 43 e un* Feldmütze 43; *alla cintura porta una fondina per la pistola e una* Eihandgranate 39.

Un soldato tedesco posa accanto alla mascotte del reparto. Indossa una Sahariana italiana mostreggiata con fregi tedeschi, come il grado da Gefreiter.

Alcune foto delle Commemorazioni al Cimitero delle Croci Bianche ad Altare. Il Tenente Cesare Brenna (Gruppo Esplorante della San Marco*); alle sue spalle, in secondo piano, Carlo Viale dell'Associazione Fra Ginepro.*

In questa foto si riconoscono, da sinistra: il Tenente Piantato della San Marco*, il Tenente della GNR Artale, l'Ausiliaria delle* BB.NN. *Origone, Jelenkovich del* Btg. Lupo *della* Xa MAS, *Rosa Melai e il Tenente Brenna.*

A sinistra, il Tenente Piantato, e al centro Leonardi.

Il Marò Giancarlo Leonardi in una foto del dopoguerra. Indossa il Field Jacket *dell'*US Army, *mostreggiato con le mostrine della* San Marco, *da lui requisito in Garfagnana e indossato per il resto del conflitto, come descritto nelle sue memorie. Una tenuta certamente inusuale, anche per gli standard RSI!*

Appendice LA FINE DELLA "LUNENSE"

Da "Appunti per una storia della guerra civile in Garfagnana, 19431945" di Mario Pellegrinetti.

Le truppe della R.S.I. prendono posizione

Ora in Garfagnana ci sono Alpini dappertutto. Hanno sostituito i tedeschi quasi dovunque. Rimane a Pieve Fosciana il comando del 285ª Rgt tedesco, responsabile del settore alla sinistra del Serchio.
Responsabile del settore alla destra del Serchio è il Col.Pasquali, comandante del 1ª Rgt Alpini della Monterosa, che ha sede a Torrite ed ha osservatori a Perpoli, torre di Sassi, Monte d'Anima. Responsabile di tutta l'artiglieria, compresa la contraerea tedesca, è il Ten.Col. Luigi Grossi, vecchio ed esperto soldato, classe 1894, che ha fatto anche la prima guerra mondiale.
Il 10 Novembre Carloni assume il comando e pone la sua sede a Camporgiano, prima in una villa poi, con l'intensificarsi degli attacchi aerei, fra le robuste mura della locale rocca trecentesca. Anche l'Ospedale Militare di Camporgiano ora è gestito dagli italiani. Padre d'Amato,(1) nel suo diario, manifesta la sua soddisfazione per l'arrivo degli Alpini. Anzitutto perché, dice, " con questi si può parlare e ci si capisce", ma anche perché spera che non siano buoni combattenti e consentano agli americani di venire avanti e al fronte di "passare". In questo rimarrà deluso. Un comando viene posto a Colognola di Piazza al Serchio e viene effettuato un rastrellamento nei dintorni per liberare la zona da eventuali partigiani. Vengono portati via diversi uomini che, per fortuna, dice il parroco Don Mentucci, "sono tutti tornati". Anche da Filicaia, il giorno 20, 400 tedeschi se ne vanno. Partono per Bologna e sono molto dispiacenti. Alcuni piangono. Don Pinagli dice che anche la popolazione li saluta commossa. Essi si sono com-portati "assai bene". Il Bertolini parla di un Col. Stamm come di una brava persona che si sarebbe adoperato per mantenere buoni i rapporti fra la gente e i militari tedeschi. Tuttavia, sempre Don Pinagli, dice che il 9 novembre i tedeschi di Filicaia avevano celebrato con una cerimonia ordinata e solenne l'anniversario della ascesa al potere del Nazismo. Al loro posto, il 27, giungono 80 alpini con cavalli e carri. E Don Pinagli gioisce, perché questi autorizzano a suonare le campane, cosa che, prima, era vietata. Il primo giorno del mese i tedeschi, evidentemente non contenti del rilascio degli ostaggi di Nicciano, prendono 8 ostaggi a Poggio. Li portano a S.Donnino, poi in Lunigiana. Qui, però, li rilasciano. Il giorno 8 gli Alpini del Btg. Intra abbandonano i paesi di Azzano, Basati, Levigliani e Terrinca nell'Alta Versilia e si ritirano più in alto, in posizioni più favorevoli. Ora il Btg Intra (che dal 28 ottobre è in linea, avendo sostituito gli Jager della 42ª Div. tedesca) controlla il settore più occidentale del fronte della Garfagnana. Partendo dal M. Focoraccia, nei pressi del quale è in contatto con una compagnia tedesca ridotta a 14 uomini del 281ª Rgt della 148ª Div., e fino a Betigna si schiera la 13ª Comp. (Ten. Di Pierro), con i mortai piazzati nelle cave del Fondone, lungo il crinale sud dell'Altissimo, da Betigna fino a Case Tonacci un plotone della 15ª Comp. pionieri (Ten. Paci), da qui e fino alle pendici sud-ovest del M.Corchia c'è l'11ª (Cap. Messori, poi Cap.Tassinari), che ha i suoi mortai

su quelle stesse pendici e che ha un osservatorio sul M.Croce, la 14ª Comp. (Cap. Oliviero) è posta a difesa di Foce di Mosceta, ha il comando nel Rifugio Del Freo e, nei pressi piazza i suoi mortai curati dal maresciallo Bazzana, la 12ª è sulla Pania della Croce (m.1859) e sulla Pania Secca (m.1709) e, fino alla metà del mese, arriva anche alle Rocchette, avendo alla sua sinistra, al Grottorotondo, il II Btg del 6° Rgt della Div. San Marco. (Da metà novembre, invece, il tratto di fronte Grottorotondo-Rocchette sarà tenuto dal Gruppo esplorante "Cadelo"). E' un tratto di fronte impervio, lungo una ventina di chilometri. Il resto della 15ª Comp. presidierà la rotabile Arni-Castelnuovo, vitale per i rifornimenti. Il comando del Btg. è a Casa Henroux (il Palazzo) presso l'uscita nord della galleria del Cipollaio (che è stata sbarrata all'uscita sud verso l'alta Versilia e minata, e che presso l'uscita nord, chiusa da una grande porta, è utilizzata come deposito di materiali). L'infermeria è a Tre Fiumi e, nell'altra galleria lì presso c'è un altro deposito di materiali. Sul Colle Cipollaio, poi, in una casa ben mimetizzata, c'è il deposito munizioni. Ad Arni, base logistica, vengono reclutati dei portatori civili, regolarmente stipendiati, che riforniscono quotidianamente le truppe in linea. La 5ª Batteria, 2ª Sezione del Gruppo artiglieria "Bergamo" piazza due obici da 75/13 a Col di Favilla, in appoggio al Btg. Intra. Altri due obici saranno spostati in vari luoghi e, infine, saranno piazzati al Passo del Vestito, sopra Arni. Lo scopo di questo lavoro non è quello di raccontare la storia militare di questo settore del fronte. Pare tuttavia opportuno fornire anche informazioni di questo tipo per il frequente intrecciarsi dei fatti militari del fronte con la guerriglia partigiana e con la vita delle popolazioni della zona. Fra l'altro la presenza di soldati italiani in luogo dei tedeschi, accentua il carattere di guerra civile degli scontri fra truppe della R.S.I. e partigiani.

Dura repressione contro i disertori e contro chi li aiuta

Né bisogna dimenticare il fenomeno delle diserzioni, che si accentuerà con l'arrivo della Divisione Italia, ma che già manifesta i primi casi, conclusi, spesso con fucilazioni, tragiche e dolorose soprattutto per i soldati che devono uccidere commilitoni spesso ex amici. Così già il 4 novembre vengono arrestati tre alpini disertori a Fondo presso Azzano e vengono fucilati sul posto. Si tratta di Carlo Mariani di 19 anni e dei due fratelli Zamponi: Franco di 20 e Luigi di 21 anni. E il mattino del giorno 6, presso il cimitero di Castelnuovo vengono fucilati tre uomini: Ferruccio Marroni di 28 anni di Gallicano, Adelmo Simoni di 20 anni di Barca e Antonio Bargigli di anni 30. Pare che, al momento dell'ordine di far fuoco, nessuno del plotone di esecuzione sparasse, per cui l'ufficiale che lo comandava dovette far fuoco con la pistola. Un quarto uomo, Adelmo Medici, si salvò perché la moglie, Natalia Peranzi in Medici, lo scagionò assumendosi tutte le responsabilità. Ed essa fu fucilata nel tardo pomeriggio. Erano accusati di favorire le diserzioni e di accompagnare i disertori oltre la linea del fronte. Il Bargigli, la cui sorella era sposata a un Masotti di Castelnuovo, aveva in precedenza militato nella "Xª MAS". Ma, poi, aveva disertato e si era trasferito da Livorno a Castelnuovo, presso la sorella. Qui, però, pare fosse stato riconosciuto (o temesse di essere riconosciuto) da un tenente della Divisione San Marco proveniente dalla "Decima". Così tentò di passare il fronte ma fu catturato.(2)

Il giorno 13 gli alpini sono nel comune di Minucciano. Vanno per la prima volta a Gorfigliano, piazzano le mitraglie e sparano verso i boschi dove suppongono siano fuggiti i partigiani. Ma, dopo un po', se ne vanno. L'11 dicembre, poi, chiameranno il prete a Colognola di Piazza al Serchio per interrogarlo, ritenendolo amico dei partigiani. Ed egli andrà facendosi accompagnare da Don Mario Tucci. Lo racconta il prete stesso, Don Vincenti, dicendo che parlò con il Capitano Gervasini, col Cap. Ruini e col Ten. Peruzzi. Dice che ci furono minacce di distruzione per i paesi di Gramolazzo, Gorfigliano e Verrucolette, ritenuti covi di ribelli. Ma, poi, gli argomenti portati dal prete (i partigiani hanno passato il fronte, la povera gente è vittima essa stessa e non complice dei partigiani) fecero presa e la tensione si allentò. Saputo che i due preti erano digiuni il capitano Gervasini "ci fece servire un discreto pranzetto; si mangiò una buona ed abbondante pasta asciutta, che da tempo non si gustava, una pietanza di carne, frutta e mezzo litro di vino". E tutto finisce lì.

La fine del bersagliere disertore Rino Rossi

Nello stesso giorno 13 novembre un'altra pattuglia si era diretta su Castagnola, sempre nel comune di Minucciano e si stava spostando verso Agliano. Più in basso, in località Tintoria, si trovavano due partigiani della banda Filippetti: Ugo Tersitti e Rino Rossi di Pistoia. Improvvisamente e molto avventatamente il Rossi spara una raffica di Sten verso la pattuglia. Subito da questa si staccano alcuni uomini che scendono velocemente e catturano il Rossi, mentre il Tersitti riesce a nascondersi in un forno. Ricongiuntisi con il grosso della pattuglia presso Agliano, gli uomini che hanno catturato il Rossi lo conducono davanti all'Ufficiale e, qui, il Rossi viene riconosciuto. Era un disertore che era appartenuto a quello stesso reparto che lo aveva ora catturato (probabilmente un reparto del Gruppo Esplorante "Cadelo"). L'Ufficiale, interpellati i suoi uomini, decide di passarlo subito per le armi. Il prete di Agliano Don Giorgetti (ora Monsignor Giorgetti) gli dà l'assoluzione. A quel punto il condannato con un balzo disperato tenta la fuga, ma viene subito ripreso e fucilato.(3)

Alpini contro tedeschi

Fortunatamente si registrano anche episodi meno tragici. A Villetta (San Romano) il 25 accade un fatto interessante. Ce lo racconta il prete dell'epoca, Don Giannasi (4). Pare, dunque, che i partigiani, "sempre pronti, con le loro prodezze, a procurare disturbi e danni alle popolazioni" fossero riusciti a rubare delle scarpe e due muli a un reparto di guastatori tedeschi giunto il 23. Questi si portarono davanti alla casa Bertagni e, rastrellati due uomini: Ottavio Bonini e Leonildo Turri, "li condannarono a morte". Allora la moglie del Bonini, Rosita Martini, corse a Casa Angeloni ove si trovavano gli alpini del Comando del Rgt Artiglieria, e li pregò di intervenire. Questi intervennero immediatamente ed ebbero un duro diverbio coi tedeschi ("quasi si sparano fra loro"), riuscendo, alla fine, a far liberare i due uomini. "I tedeschi prendono due pecore e se ne vanno". Un altro episodio che aiuta a capire la complessità dei rapporti fra militari e civili ci viene da Eglio, paesino quasi sulla linea del fronte. Qui il 30 novembre, su istanza del prete, "il Col. Andolfato apre una cucina popolare per vecchi, bambini, inabili". Lo racconta il prete stesso, Don Turriani, con gratitudine. Anche Don Gigliante Maffei, parroco di Torrite (che pure aveva avuto problemi coi tedeschi: un certo maresciallo Fritz, di cui erano state scoperte certe marachelle, lo accusa di favorire i partigiani e lo costringe a nascondersi nel collegio di Migliano, vicino al fronte di Treppignana dal 27 ottobre al 6 novembre) stabilisce rapporti di buon vicinato con gli alpini che ora hanno sostituito i tedeschi e ottiene dal Gen.Carloni "lavoro per gli uomini e rancio per donne e bambini. Ciò per quasi tutto il tempo del fronte"(5). E non sono, questi, gli unici casi in cui gli alpini aiutarono la popolazione. Per esempio il gruppo esplorante "Cadelo" dichiarava, ogni giorno, 40 presenze in più per le orfanelle di un istituto di suore francescane di Pisa sfollate a Sassi. Orfanelle che il 15 novembre verranno decimate da una cannonata da 105 che centra in pieno la casa che le ospitava. Moriranno ben 14 orfanelle e 1 suora. I poveri resti sfracellati verranno alla meglio raccolti in sei casse e sepolti nel locale cimitero.

La guerra al fronte

Intanto il fronte si mantiene piuttosto attivo. Già il 4 i negri della 92ª Div. "Buffalo" (dal giorno 3 hanno completato la sostituzione dei brasiliani) tentano il primo attacco nel settore destro, fra le Rocchette e Grottorotondo. Le truppe della San Marco arretrarono un poco ma le riserve della stessa San Marco e una compagnia tedesca subito accorse bloccarono l'avanzata. All'alba del 5 una compagnia dell'Intra, la compagnia tedesca e il 2ª squadrone del Cadelo che era stato subito inviato sul posto (e che rimarrà al fronte, inserendosi fra il San Marco e l'Intra), dopo una breve preparazione di artiglieria, mossero all'attacco e riconquistarono tutte le posizioni praticamente senza perdite. Una decina di giorni di calma, poi un altro attacco più consistente nella zona fra Grottorotondo e il paese di Montaltissimo. Dopo una forte preparazione con artiglieria e bombardamenti aerei, al mattino del 16 scatta l'attacco dei "Buffalo" (il giorno prima il 370ª Rgt aveva avuto di rinforzo il III Btg. del 371ª) contro i reparti del San Marco e del Cadelo, attaccati anche alle spalle da partigiani in borghese. I negri hanno il solito successo iniziale e, sopraffatti i difensori fra Grottorotondo e Brucciano, puntano su Eglio e Sassi. Poi c'è la sosta notturna. E all'alba del 17 l'attacco riprende. Ma le riserve locali riescono a contenerla. I pionieri del San Marco, guidati dal loro comandante costringono l'avversario a retrocedere con un assalto alla baionetta (uno dei rarissimi episodi del genere in tutta la guerra). Anche quota 913, dove è un osservatorio d'artiglieria del San Marco, resiste tenacemente. Oltre ai marò ci sono due squadre del 2ª Squadrone dei bersaglieri del Cadelo ed elementi della compagnia controcarro reggimentale. Da due giorni sono sotto il fuoco dei cannoni e dei mortai e hanno subìto forti perdite. Verso sera sono allo stremo. I Buffalo sono ormai vicinissimi e le bombe a mano sono finite. All'ultimo momento si vede un marò che arranca per la salita balzando qua e là fra le cannonate. Ha un sacco in spalla. Arriva in postazione esausto e apre il sacco. Sono bombe a mano O.T.O., non molto potenti ma sufficienti a far desistere i Buffalo che stavano per tentare l'assalto decisivo. Le perdite sono gravi (le due squadre del Cadelo sono ridotte a pochi uomini) ma la posizione è salva. Nella notte arrivano da Piazza al Serchio gli altri due Squadroni del Cadelo (riserva divisionale) e, da Castelnuovo, il Btg tedesco del 285° Rgt. Con loro è venuto il capo dell'ufficio operazioni della divisione che organizza (e, poi, guiderà di persona) il contrattacco. Il giorno 18, all'alba, un nutrito fuoco di artiglieria si abbatte sulle postazioni nemiche. Poi il Cadelo e i tedeschi vanno all'attacco. I negri abbandonano e fuggono lasciando armi, morti e prigionieri. Durante l'interrogatorio si mostrano molto critici nei confronti dei partigiani che hanno attaccato alle spalle. E Don Turriani, parroco di Eglio, annota mestamente l'episodio, rilevando che le cannonate americane hanno fatto due morti e due feriti fra la popolazione. Dopo questo episodio tutti e tre gli squadroni del Cadelo furono lasciati sul fronte.

Si prepara l'attacco partigiano decisivo

Ma gli attacchi più gravi si ebbero nei giorni successivi, soprattutto, come vedremo, ad opera dei partigiani. Essi, che da tempo meditavano un attacco alle spalle delle truppe che si trovavano al fronte per consentire agli alleati di avanzare, fin dai primi giorni del mese furono piuttosto attivi e operarono alcune azioni di disturbo. Il primo novembre ci fu un attacco a un autocarro degli alpini in località Riocavo presso Camporgiano che costò la vita ad un alpino, certo Visentini Teseo. Il 2 furono catturati alcuni alpini lungo la strada d'Arni. Il 3 in località Sillicano prelevarono Orsi Pietro, che era stato fino al giugno Commissario Prefettizio di Camporgiano, "lo portarono in luogo solitario e lo spogliarono di tutto" (Don Pinagli). Il 4 una ventina di partigiani massesi (facevano parte dei rinforzi già inviati a Careggine per il progettato attacco al fronte) stanno andando da Careggine a Gorfigliano per procurare viveri. A Nicciano pranzano in casa del prete, poi riprendono la via. In località Caglio intercettano un motociclista isolato (dovrebbe trattarsi del Maresciallo Augusto Corti del Comando di Divisione) e lo uccidono. La reazione di alpini e tedeschi è immediata. Arrivano, hanno un breve scontro coi partigiani in località "Bandita" e bruciano alcune case. Poi radunano le donne e le invitano a convincere i mariti e i figli a non essere ostili, altrimenti saranno guai. E, per fortuna, la cosa finisce senza altri morti ammazzati.

L'uccisione del S.Ten. Paolo Carlo Broggi

Lo stesso giorno 4 a Careggine viene ucciso il S.Ten. Paolo Carlo Broggi della 13ª Cpg del Btg. Intra della Divisione Alpina Monterosa.
Era stato catturato il 30 ottobre mentre, con una piccola pattuglia, risaliva da Isola Santa verso Careggine all'inseguimento di un gruppo di partigiani che avevano depredato un convoglio di viveri destinato al Btg. Intra e catturato alcuni alpini. In quell'occasione l'alpino Rigoni Bruno venne ucciso, il Ten Broggi rimase ferito a un piede e altri due alpini rimasero pure feriti abbastanza gravemente (essi furono abbandonati per via senza cure. Li salvò Don Marini, parroco di Colli di Capricchia, che li curò e, avvertendo il comando, fece sì che fossero trasportati in ospedale).(6) Il S.Ten. Broggi fu tenuto prigioniero in un porcile con altre 13 persone (che verranno, poi, uccise a loro volta) e fu ripetutamente invitato a venir meno al suo giuramento di fedeltà alla R.S.I. in cambio della vita. Egli, che fu alfiere della Divisione in Germania, durante la cerimonia del giuramento, presente Mussolini, rispose: " L'Italia può fare a meno di me, non del mio onore". E morì gridando "Viva l'Italia". Fu insignito di Medaglia d'Argento alla Memoria. E il 5 a Vergemoli, località Molino, perde la vita in uno scontro coi partigiani il marò Berdozzo Bruno, pure di 20 anni, della Divisione "San Marco". L'idea dell'attacco imminente doveva aver creato nei partigiani un certo clima di euforia. Così, racconta Bertolini, un partigiano di Magliano detto "Squalo", dovendosi sposare il giorno dopo, l'11 di novembre fa saltare in aria un fabbricato con la dinamite "per fare festa". Anche Don Barsotti, sempre di Magliano, testimonia questo stato di speranzosa eccitazione nei partigiani che si avvicinavano al fronte in data 22, nell'imminenza dell'attacco, ma, poi,

li vide tornare demoralizzati dopo il fallimento. E anche lui, alla fine, finirà col passare il fronte. Il 13 pare che altri alpini siano stati catturati a Deccio, sulla via d'Arni dal 3ª Btg partigiano di Bertagni. Dal carteggio di Carloni citato risulta anche che nella "Prima quindicina – presso Debbia – Un sergente e tre alpini del "Brescia" sono uccisi a tradimento mentre consumano il rancio." E dal Carteggio Bernardi (7) si apprende che da Novembre a Dicembre nella zona di Piazza al Serchio, San Romano e zone vicine i partigiani di "Baffo" (Aldo Pedri, comandante del Gruppo Arditi Marco) catturano diversi militari isolati o in piccoli gruppi. Pare che molti di questi militari catturati siano stati gettati nella "Buca di Bacciano", una "foiba" che si trova all'Alpe di Borsigliana.

Il proclama di Alexander e il fallimento dell'attacco partigiano

Ma il giorno tredici accade anche un altro fatto che verrà ad assumere grande importanza nei prossimi giorni. Accade che viene pubblicato il famoso proclama del Gen. Alexander che, stante l'imminente arrivo dell'inverno, con conseguenti gravi difficoltà a rimanere in montagna, invita i partigiani a nascondere le armi e a sciogliere le bande e, quindi, a interrompere la guerriglia. Il proclama creò grande delusione e malumore fra i partigiani, alcuni dei quali si rifiutarono di obbedire. Certo è che, nell'immediato, non ebbe praticamente effetto alcuno. E il giorno 20 si riuniscono a Foce di Careggine gli ufficiali della "Lunense" per decidere l'attacco alle spalle del fronte. Si decide di attaccare la quota 999 (Le Rocchette) e la quota 832 (Monte d'Anima). L'attacco avverrà non appena gli americani avranno effettuato l'atteso lancio di armi e viveri. Si tira a sorte il nome del comandante di battaglione che dovrà condurre il primo attacco (a Le Rocchette). Esce il nome di Zerbini, comandante del II Btg., ma Zerbini, come racconta lui stesso nel suo libro più volte citato, trova modo di tirarsi indietro. Al suo posto accetterà Bertagni, che pare l'unico disposto a correre qualche rischio. Il giorno 22 arrivano sei bimotori scortati da due caccia e, alle ore 13.25, effettuano il lancio. Ma è giorno chiaro, la visibilità è ottima e gli alpini hanno occhi buoni. Immediatamente partono verso Careggine che dovrebbe essere difesa dal II Btg. di Zerbini, il quale ha posto sentinelle ovunque. Ma c'è euforia per l'avvenuto lancio e nel posto di guardia (comandato da un certo Gigli) che controlla la strada carrozzabile d'accesso si festeggia e si fanno le caldarroste. Gli alpini arrivano, li sorprendono e li mettono in fuga. Lo stesso Zerbini che va a ispezionare i posti di guardia e che, sentendo un eccessivo silenzio, chiama il Gigli per capire cosa succede, viene fatto segno a una grande sparatoria dalla quale a stento si salva con la fuga. Gli alpini entrano in Careggine ove non c'è più nessuno, incendiano il palazzo municipale che era la sede del comando del II Btg e recuperano almeno in parte il materiale del lancio. I partigiani si ritirano sui monti e non desistono, malgrado questi avvenimenti, dal progetto di attacco. È necessario, a questo punto e prima della narrazione dei fatti, fare alcune osservazioni. Si è sempre sostenuto, da parte dei partigiani, che l'insuccesso dell'attacco deve essere attribuito al mancato concomitante attacco degli alleati. Secondo gli accordi che pare fossero stati presi, infatti, i partigiani avrebbero dovuto conquistare le Quote 999 (Le Rocchette) e 832 (Monte d'Anima) oltre ai paesi di Eglio e Sassi. Contemporaneamente un attacco alleato avrebbe dovuto incunearsi nel varco e, procedendo lungo la zona di Careggine, Vagli, Gorfigliano, Gramolazzo, Agliano, Capoli, zona che i partigiani ritenevano di controllare, chiudere al passo dei Carpinelli la ritirata alle truppe tedesche e italiane che tenevano il fronte e che, a quel punto, non avrebbero avuto altra alternativa che la resa. In realtà, confrontando le notizie fornite dai partigiani con quelle fornite dagli alpini della Monterosa, sembra di capire che: 1) In realtà un attacco alleato all'alba del 27 novembre ci fu, ma prima dell'attacco partigiano e non contemporaneamente. 2) I partigiani non condussero un attacco in forze ma, dal 23 al 27, una serie di azioni minori, che ebbero anche qualche successo, ma che furono sostanzialmente ben controllate dagli alpini e dai bersaglieri del gruppo esplorante "Cadelo". Dal che sembra di poter concludere che ci fu scarsa convinzione sia da parte dei partigiani che da parte degli alleati. Il limitato numero di caduti sia da una parte che dall'altra, del resto, non fanno che confermare la scarsa importanza delle azioni. E veniamo alla cronistoria dei fatti. La notte del 23 il Ten. Bertagni con 40 uomini del suo III Btg. più 10 del IV si dirige verso le Rocchette, avendo una guida del luogo, tale Alberto Domenichelli di Monistalli presso Sassi. Dal Grottorotondo alle Rocchette era in linea il primo plotone del II Squadrone del Cadelo. Pare che gli uomini di Bertagni fossero vestiti da bersaglieri e da alpini, come truppe che andassero a dare il cambio, per cui i bersaglieri del Cadelo, colti di sorpresa, furono catturati e condotti a Vergemoli, oltre le linee. Fra i catturati il Ten. Micheli e il Serg. Carboni. Il Cornia dice che due soli sfuggirono alla cattura. Fonti partigiane parlano di 63 uomini catturati e narrano una curiosa storia. Dicono che fra i 63 catturati ce ne erano tre che avevano in tasca la licenza e si rammaricarono col Bertagni di questa opportunità che stavano perdendo. Al che il Bertagni, generosamente, li rilasciò affinché potessero godere la loro licenza. Mi piace pensare che questa storia sia vera. Dimostrerebbe che, almeno in certi casi, anche in questo clima di ferocissima guerra civile, si riusciva a mettere da parte la ferocia e a far riemergere l'umanità.

Risulta che in questa azione abbia perso la vita un partigiano di Pieve Fosciana, tale Franchini Alfredo di 23 anni, poi decorato di medaglia d'argento, e sia rimasto ferito un altro partigiano di nome Renato Ginestri. Pare che il Franchini fosse vestito da bersagliere. Nella notte del 24 lo stesso Bertagni compì una nuova azione di sorpresa e due squadre del II Plotone caddero in un agguato e furono catturati 30 uomini. La terza squadra, invece, rimasta isolata, rispose energicamente con le armi all'intimazione di resa e al fuoco dei partigiani, e questi ultimi si dileguarono. Al mattino il comandante del Cadelo salì sulla linea del fronte con i cacciatori di carri, altri elementi della compagnia reggimentale e i resti del secondo squadrone. Verso Grottorotondo ancora i partigiani camuffati da alpini dell'Intra si avvicinano e aprono il fuoco. Ma la reazione dei militari li fa fuggire verso Vergemoli. C'è un altro triste episodio da registrare nel giorno 24. Nel paese di Careggine, a difesa del quale è rimasto il II Btg. di Zerbini, c'è tensione e nervosismo, dopo i fatti del 22. All'alba una sentinella scambia per un nemico il cuoco del battaglione, tale Nello Milani, che era uscito a far due passi, spara e lo uccide. Il parroco di Eglio, Don Turriani, parla di un attacco a Monte d'Anima condotto dai partigiani, che durò due ore e che, poi, fu respinto, avvenuto il 25 novembre. Dice anche che due partigiani rimasero uccisi. Nessuna altra fonte, però, cita il fatto, né si ha notizia di caduti in quel giorno. Probabilmente si fa confusione di date e Don Turriani si riferisce ai fatti del 23. Il giorno dell'attacco decisivo, invece, doveva essere e fu il 27. All'alba di quel giorno, dopo una consistente preparazione di artiglieria, i negri della 92ª Div. "Bufalo" (comandata ora dal generale Almond) attaccano nella zona di Monte d'Anima, ma la linea resiste senza difficoltà e i negri vengono respinti. A questo punto entrano in scena i partigiani comandati da Oldham che, vestiti in borghese, si avvicinano cautamente a tergo di Monte d'Anima. Ma un sergente febbricitante che stava scendendo per recarsi in infermeria li vede. Riesce a controllarsi e finge di non averli veduti. I partigiani ci credono e lo lasciano andare. Così il sergente si precipita a Eglio e poi a Sassi e dà l'allarme. Il comandante del gruppo raccoglie quanti uomini può per fronteggiare il nuovo pericolo e, con questi, muove all'attacco. Intanto anche dalla cima del Monte d'Anima i partigiani sono stati avvisati e il Capitano Gosen prende un uomo o due da ogni squadra per fronteggiarli. Ma questi, attaccati dagli uomini provenienti da Eglio, abbandonano l'impresa. Nella sparatoria perde la vita, purtroppo, il figlioccio del gruppo, Paolo Bogni, alpino di 16 anni, che aveva voluto partecipare all'azione. Una pallottola lo colpisce in fronte. Fonti partigiane dicono che Oldham aveva conquistato il Monte d'Anima ma poi dovette abbandonarlo per il mancato arrivo dei rinforzi che avrebbe dovuto condurre il Commissario Barocci (Roberto Battaglia). Ma la cosa non è credibile. Infatti subito dopo, le artiglierie alleate riprendono a sparare per preparare un nuovo attacco. Ma i negri, appena si muovono, vengono bersagliati dalle nostre artiglierie ora ben piazzate, e non riescono neppure a entrare in contatto con le nostre linee, saldamente difese. Dicevamo dei rinforzi che Barocci avrebbe dovuto condurre a sostegno dell'azione di Oldham. In realtà Barocci partì dai monti di Careggine e scese nella valle della Turrite. Qui, però, ebbe uno scontro con gli alpini e preferì tornare indietro. In effetti Davide Del Giudice, nel suo "Il battaglione Intra sulle Alpi Apuane" parla di un attacco partigiano al presidio di Isola Santa che costò la vita al Ten. Barbiero della 12ª compagnia. E così anche Oldham ritornò sul monte Volsci. Si parla di ritirata disastrosa, con gravi perdite. Si parla perfino di morti affogati nell'attraversamento del torrente Turrite, il che appare veramente poco credibile. Né si ha notizia di morti registrate in quella data. Poiché si tratta di fonti partigiane (fra cui lo stesso Roberto Battaglia) è da pensare che si sia trattato di una storia romanzata ad arte, per esagerare la drammaticità dell'impresa.

La fine della "Lunense"

Quel che è certo è che il Maggiore Oldham, certamente d'accordo con i suoi uomini, il giorno dopo, 28 novembre, decretò lo scioglimento della divisione Lunense. Dopo di che lui, Barocci e molti altri passarono il fronte "per non far più ritorno" (9). Molti fra i partigiani non lo approvarono e specialmente i "Patrioti Apuani" di Del Giudice, che giudicarono la sua una "azione indegna"(10). Ma, forse, non va giudicato tanto severamente per questa decisione. In quei giorni, infatti, i tedeschi, certo profittando del disorientamento creato dal proclama Alexander, stavano liquidando anche le altre brigate della Lunense. Il 26 la III Brigata di Marini viene "dispersa", il 27 quelli della Brigata Muccini "si smarriscono", fra il 27 e il 28 Contri (II Brigata) "deflette a Castelpoggio". (11) Secondo Federigi (12) fra il 28 novembre e il 2 dicembre buona parte dei partigiani della Lunense passarono il fronte. Tuttavia alcuni dei partigiani che avevano passato il fronte, continuarono a combattere a fianco degli americani. Gli uomini del "Valanga", che fin dai primi di ottobre erano rimasti nella zona occupata dagli alleati, erano, almeno in parte, stati inclusi nella compagnia "C" del "Btg. autonomo patrioti italiani", come si denominavano gli uomini di Pippo (Manrico Ducceschi). Subito dopo le vicende di fine novembre appena narrate, anche Bertagni, che con i suoi uomini era rimasto a Vergemoli, cioè di là dal fronte, finì con l'aggregarsi a detta compagnia "C". Pare, anzi, che la compagnia fosse comandata, a turno, un po' dallo stesso Bertagni e un po' dal De Maria, già comandante del "Valanga". Il Guccione (13) riferisce che il Bertagni il 31.1.45 riportò ferite in combattimento. E i poveri garfagnini continuavano a convivere, sforzandosi di sopravvivere, con questa guerra "in casa" che rendeva tanto precarie le loro esistenze. I bombardamenti quotidiani degli aerei, più in qua o più in là, (Don Pinagli, meticoloso come sempre, e ormai esperto, segnala in data 17 novembre un bombardamento su Filicaia e precisa che 8 caccia-bombardieri sganciarono 8 bombe: 4 incendiarie e 4 dirompenti), le cannonate e quanto altro rendevano la morte veramente a portata di mano. Il 23, ad esempio, a Vergemoli risulta ucciso da schegge di granata il civile Tommasi Ugo di 40 anni. E il loc.Sarzali, nei pressi di Treppignana, muore per granata il civile Bernardi Pier Luigi. La fortuna aveva voluto che il raccolto delle castagne fosse stato, in quell'anno, abbondantissimo, tanto che non solo i garfagnini si sfamavano, ma anche i massesi e i versiliesi che quotidianamente attraversavano, fra mille insidie, le Apuane. I versiliesi hanno vivo il ricordo del famoso partigiano "Baionetta" (Tardelli Adriano) che a Capanne di Careggine nella casa della Erinna gestiva un proficuo commercio di generi alimentari basato soprattutto sullo scambio.

1) "Diario di Padre d'Amato" in Oscar Guidi, *DOCUMENTI DI GUERRA – GARFAGNANA 1943- 1945* – Ed Pacini Fazzi LUCCA 1995 pag. 137 2) Notizie fornite dal Sig. Gianfranco Rossi, parente del Bargigli. 3) Mons. Giorgetti in *La guerra in Garfagnana dalle relazioni dei parroci*, cit., pag. 156,157. 4) Don Giannasi in *LA GUERRA IN GARFAGNANA DALLE RELAZIONI DEI PARROCI*, cit., pag.160 5) Oscar Guidi DOCUMENTI DI Guerra 1943-1945, cit., pag.113. Don Gigliante Maffei non è mai tenero con i tedeschi e con i soldati della R.S.I., però non nasconde le benemerenze, quando ci sono. Per esempio parla molto bene del Capitano Scattolin dicendo che liberò Tortelli Giovanni e Achille Discini salvandoli dalla fucilazione. *Ibid.*, pag.114. 6) Il partigiano che catturò il Ten.Broggi - gli sparò ferendolo a un piede - era un massese dei "Patrioti Apuani", che era venuto in Garfagnana per parteciparealI'attacco alle spalle delle truppe al fronte che si stava preparando. È ancora vivente e si chiama Nicodemo Vinci (testimonianza verbale del Sig. Guerra di Massa, che lo conosce personalmente) 7) Oscar Guidi, *Documenti di guerra. 1943-1945,* cit., pag.103 8) Nel Carteggio Bernardi in Oscar Guidi, *Documenti di guerra 1943-1945, cit.,* pag, 102, si parla di "una ventina di bersaglieri" 9) E.Mosti - *La resistenza apuana. Luglio 1943 – Aprile 1945,* Longanesi, Milano 1973 10)*Ibid.* 11)*Ibid.* 12) Fabrizio Federigi, *VAL DI SERCHIO E VERSILIA - LINEA GOTICA,* Ed. Versilia Oggi, Querceta 1979 13) Liborio Gruccione, *Il gruppo "Valanga" e la resistenza in Garfagnnana*, Maria Pacini Fazzi Editore, Lucca 1978

NOTA EDITORIALE

Rispetto a molte delle memorie o diari di veterani della seconda guerra mondiale disponibili, lo scritto di Giancarlo Leonardi si distingue per una ricerca sul piano letterario piuttosto riuscita. Appare evidente come l'autore non si sia limitato alla pura cronaca degli avvenimenti che lo videro protagonista, espressa in italiano più
o meno forbito, ma si è invece impegnato, come un vero e proprio scrittore, a cercare un suo stile, rispondente all'urgenza di mettere su carta e quindi di trasmettere al lettore, oltre che i suoi ricordi di giovane Marò nelle file della *San Marco*, le proprie emozioni e sensazioni più profonde, e una visione del mondo spesso cupa, iconoclasta e disincantata.

Leonardi spesso raggiunge in pieno questo obiettivo, scrivendo passi di grande efficacia drammatica, come nella descrizione della durezza dell'addestramento in Germania, dello spaesamento dei giovani Marò sbalzati dalla solare Italia alle tetre foreste tedesche, e del loro passaggio dalla condizione di adolescenti al diventare dei soldati addestrati; della nostra impreparazione militare nel 1940, e nel giudizio aspro sulla massa del popolo italiano e sui suoi governanti. Altrettanto efficace è Leonardi quando descrive la sua esperienza di guerra in Garfagnana, evocando le condizioni di vita dei suoi commilitoni e della popolazione civile nel lungo inverno tra le aspre montagne toscane, i combattimenti sulla linea del fronte e i partigiani, la sua consapevolezza della lotta senza speranza del suo reparto, e tuttavia, anche nella prosa dissacrante di Leonardi, d'un tratto emerge una punta d'orgoglio per questi giovani Marò i quali, in tali circostanze, stavano tenendo testa allo strapotere Alleato:

Andiamo accorgendoci lentamente di essere gente in gamba, e lo siamo quasi a nostra insaputa. Stiamo sopportando da mesi un cannoneggiamento continuo, e la loro aviazione non cessa un attimo di spezzonarci con bombe dirompenti e al fosforo. E nonostante tutto i nostri nervi sono ancora abbastanza solidi, anche se penso che a lungo andare cederanno un poco.

Ma, poche pagine dopo, in una pagina di grande intensità, Leonardi mostra anche l'alto prezzo pagato da questi giovani diventati uomini troppo presto:
Vidi Favero del Plotone Comando. Lo riconobbi subito; era un mio vecchio amico e compagno di giochi di Milano. Rimasi interdetto. La granata era scoppiata improvvisa su di lui, e dalla pioggia di terra saltò fuori con le mani sulla faccia. Non voleva togliersele da lì, perché ciò che spaventa ed è orribile, è di vedere la realtà avendo un altro volto. Gli occhi, già chiari, erano diventati acquosi e vitrei, le rughe, che gli sarebbero dovute venire molto più tardi, ad una certa età, erano apparse come d'incanto, profonde. Le vene erano più gonfie, la pelle era increspata, arricciata, quella di una mummia. Eppure avevamo vent'anni, vent'anni persi sulla terra lontana della Sassonia, persi sulla terra bruciata della Garfagnana. Ci riconoscemmo e mi abbracciò. Neppure il Plotone Comando era stato risparmiato. Avevamo vent'anni, e dovevano essere anni dolci e spensierati, ma c'era la guerra. Avevamo vent'anni, ma strappandoci le mani dalla faccia, avevamo tutti dei volti

come quello del promosso Sergente Maggiore Favero, volti vecchi da mummia, bruciati dalla polvere da sparo e dal sangue.

Poiché Leonardi era più interessato a trasmettere al lettore queste emozioni e la sua visione del mondo che non nello scrivere una sua biografia strettamente detta o una cronaca storico-militare della sua esperienza di guerra, avvertiamo il lettore che, seppur nella maggior parte dei casi i fatti narrati da Leonardi trovano puntuale riscontro, anche nei dettagli, nella storia divisionale della *San Marco* curata da Pieramedeo Baldrati e in altre fonti (come nel caso degli attacchi americani del novembre e dicembre 1944, o nella cattura da parte dei partigiani del Tenente Piantato) altre volte, come in alcuni passi della descrizione delle visite di Mussolini a Auerbach o quando Leonardi descrive la sua odissea tra i partigiani, dei fatti realmente avvenuti sono riportati mediati dalla sua personale interpretazione o in maniera romanzata.

Andrea Lombardi

INDICE

PREMESSA   PAG. 3

PARTE PRIMA   PAG. 5

PARTE SECONDA   PAG. 27

PARTE TERZA   PAG. 49

FOTIGRAFIE   PAG. 75

APPENDICE   PAG. 91

NOTE EDITORIALI   PAG. 101

TITOLI PUBBLICATI - ALREADY PUBLISHING

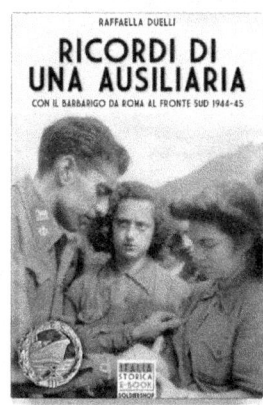
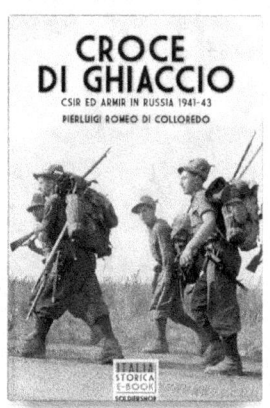

www.ingramcontent.com/pod-product-compliance
Lightning Source LLC
LaVergne TN
LVHW081543070526
838199LV00057B/3766